KB074706

반도체
경제를
쉽게
읽는 책

반도체 경제를 쉽게 읽는 책

초판 1쇄 발행 2023년 5월 15일

지은이 김희영
펴낸이 배충현
펴낸곳 갈라북스
출판등록 2011년 9월 19일(제2015-000098호)
전화 (031)970-9102 / **팩스** (031)970-9103
블로그 blog.naver.galabooks
페이스북 www.facebook.com/bookgala
이메일 galabooks@naver.com

ISBN 979-11-86518-67-0 (03320)

「이 도서의 국립중앙도서관 출판예정도서목록(CIP)은 서지정보유통지원시스템 홈페이지
(http://seoji.nl.go.kr)와 국가자료공동목록시스템(http://www.nl.go.kr/kolisnet)에서 이용하실
수 있습니다.」

반도체
경제를
쉽게   읽는
책

AC/BC 시대 더욱 '핫'해진 호황의 장수아이템

사람들의 기억 속에서 2020년은 어떻게 기억될까.

갑작스레 찾아온 코로나19로 거리두기부터 시작하여 KF94 마스크의 생활화, 원격수업, 비대면 서비스…. 일상생활이 예전 같지 않음을, 모든 면에서 변화가 찾아왔음을 피부로 느낀 시기였을 것이다.

예수 탄생년을 새로운 기점으로 BC(Before Christ, 서력 기원전), AD(Anno Domini, 서력 기원후)로 나눴지만 이제는 또 다른 기준이 생겼다. 『뉴욕타임즈』 칼럼니스트인 토머스 프리드먼은 코로나 이전을 BC(Before Corona), 이후를 AC(After Corona)로 구분될 것이라고 썼다.

AC/BC 시기에 찾아온 또 다른 변화는 자산 가치가 일시적으로 급락하면서, 많은 사람들이 주식에 관심을 가지게 된 것이다. 주린이, 동학개미, 서학개미와 같은 신조어가 생겨났다.

그리고 이들이 공통적으로 바라보는 것이 바로 '반도체'였다.

사실 반도체가 최근 몇 년 사이에 '핫'해진 것은 아니다. 1990년대부터 단군 이래 최대 호황이라며 꾸준히 뉴스에 오르내린 '장수아이템'이다.

다양한 매체를 통해 반도체 관련 단편적인 기사는 어렵지 않게 접할 수 있다. 하지만 반도체의 기본적인 지식과 현재 시장을 움직이는 플레이어, 더 나아가 시장의 변화까지 '한 눈에 볼 수 있는 책'이 필요하겠다는 생각에 이 책을 쓰게 되었다.

최신동향을 담으려고 했지만 반도체는 그 어느 분야보다 기복이 심하고 변화가 빠른 분야라 집필하는 동안 몇 번이나 원고를 통으로 교체해야 했다. 이 책이 미래를 예측하지는 않기에 펜을 놓는 순간 과거가 되어 일부는 현 상황을 반영하지 못한 오래된 내용이 될 수 있다는 우려도 있다.

그래서 반도체와 반도체 시장이 과거로부터 현재까지 어떻게 바뀌어 왔는지 그 추이를 담는데 신경을 썼다.

아무쪼록 이 책을 통해 독자들이 반도체 기사 내용을 쉽게 이해하고 시장의 변화를 읽는 눈이 생기기를 바란다.

_ 김희영

차 례

반도체 업계 주요 플레이어 알기

PART IV

반도체 산업 및 시장 조망

반도체를 이해하기 위한
기본 용어 알기

삼성전자가 양산하고 있는 세계 최고 용량의 '1Tb 8세대 V낸드'

_출처: 삼성전자 뉴스룸(news.samsung.com)

세마희의 하루

01

수출 주도형 국가인 우리나라에서 꾸준히 전체 수출의 20%를 차지하는 제품이 있다. 시장 점유율 1위를 차지하는 그 아이템은 무엇일까. 주인공은 바로 뉴스에 거의 매일 빠지지 않고 등장하는 존재인 반도체이다.

반도체가 무엇인지 사전적 의미부터 살펴보자. 반도체는 '반 반(半)'과 '인도할 도(導)', '몸 체(體)' 자를 쓴다. 도체와 부도체의 중간 성질을 띠기에 붙은 이름이라고 한다. 영어 단어 'Semiconductor'도 반(Semi)이라는 의미의 접두사에 도체(Conductor)를 합한 것이다.

고체 물질은 전기 전도율에 따라 도체와 반도체, 부도체 등 세 가지로 나뉜다. 도체는 전기가 잘 흐르는 물질을 말하며, 금, 은, 구리, 철, 알루미늄이 도체에 속한다. 반면 부도체는 전기가 통하지 않는 물질을 뜻하며 유리, 고무, 플라스틱, 나무, 다이아몬드 등이 있다. 도체가 전기나 열을 잘 전달하는 물체를 뜻하는 만큼 아닐 부(不)자를 붙인 부도체는 반대라고 생각하면 된다. 그리고 두 물질의 중간에 속한 반도체는 어떤 때는 전기가 통하고, 또 어떤 때는 안 통하는 물질을 말한다.

반도체의 속성을 이해하기 위해 뮤지컬 『지킬 앤 하이드』를 떠올려보면 좀 더 이해가 쉬울 것이다. 주인공인 헨리 지킬은 선량하고 도덕적이며 모든 이들의 존경을 받는 전도 유망한 의사이다. 지킬은 스스로에게 약물을 주입하여 에드워드 하이드로 변한다. 지킬 일 때는 악행은 상상도 하지 못했지만 괴물이 된 하이드는 살인을 포함한 악행도 마다하지 않는다. 여기에 반도체를 대입해보자. 지킬에게 약물(불순물)을 첨가하여 완전히 반대 성향의 하이드로 변신하듯 특정 불순물을 인위적으로 주입해서 전기가 흐르거나 흐르지 않게 조절할 수 있는 게 바로 반도체이다.

그렇다면 전기가 흐르고 흐르지 않는 것이 왜 중요할까? 반도체가 디지털 기기에 쓰이기 때문이다. 디지털 기기들이 사용하는 언어는 0과 1로 이루어진 이진법이다. 여기서 바로 전기를 흐르게 했다, 흐르지 않게 했다 하는 전기의 흐름으로 디지털 언어인 0과 1을 표시할 수 있게 된다. 이를 활용해 전자기기를 제어하거나 정보를 기억하는 것이다.

우리가 일상적으로 사용하는 전자기기에는 수많은 반도체가 숨어있다. 대한민국의 평범한 직장인 세마희*의 하루를 예로 들어 숨겨진 반도체를 찾아보겠다.

_____

* 반도체(Semi Conductor)를 세마이 컨덕터라고 발음하는 것에 기인하여 이름 지은 가상의 인물이다. 2022년 5월 미국 바이든 대통령이 방한하여 평택 삼성공장 방문시 이재용 회장의 인삿말에서 세마이 컨덕터라고 발음했으며, 관련 내용이 ABC 뉴스에 나왔는데 아나운서 역시 동일하게 발음했다.

아침 6시에 알람이 울린다. 세마희는 5분 단위로 울리는 알람을 몇 차례나 끄고 나서야 겨우 몸을 몸을 일으킨다. 사실 조금 더 침대 위에서 뒹굴거리고 싶지만 대장과 방광이 보내는 신호를 더 이상 무시할 수가 없기 때문이다. 참을 수 있는 순간까지 견뎌보다가 결국 화장실로 향한다.

'아, 화장실 가는 거 정말 귀찮아. 잠을 자게 내버려 두지 않는군!'

스위치를 눌렀더니 LED 조명이 어두컴컴한 화장실을 밝게 비춘다. 비데 위에 앉으니 엉덩이가 그렇게 차갑지 않다. 이제 비데 없는 화장실은 상상하기 힘들다. 샤워를 하고 머리까지 감고 나자 완전히 잠이 깨버렸다. 젖은 머리는 최신형 드라이어로 꼼꼼하게 말려준다. 요즘 드라이어를 잘 활용하면 머리볼륨도 살려주고 미용실을 다녀온 것처럼 자연스러운 웨이브 연출도 가능하다. 괜히 헤어 드라이어의 에르메스가 아니다. 거울을 보며 만족해한다.

'가격은 좀 비쌌지만 생일선물을 드라이어로 플렉스하길 잘 했어'

부엌으로 와서 정수기의 정수 한 컵을 마신 세마희는 아침 식사로 토스트와 삶은 달걀을 선택한다. 인덕션 위에 냄비를 올리고 달걀 2개와 약간의 소금을 넣어준다. 달걀 삶는 시간 15분 타이머를 세팅해두고 옷을 갈아입는다. 계절이 바뀌어 이제

옷장 깊숙이 있던 옷을 꺼내야 하는 시기이다.

평소 비염이 있는 세마희, 예전 같으면 도톰한 니트를 꺼낼 때 재채기를 했겠지만 이제는 문제없다. 전날 밤 의류관리기에 넣어두었기 때문에 먼지도 털어주고 새 옷처럼 뽀송한 상태이다. 식빵을 토스트기에 넣고 차가운 우유는 전자레인지에 살짝 데우고, 커피머신에서 캡슐로 내린 커피는 텀블러에 담는다. 그 사이 달걀이 다 삶아졌다. 간단히 아침 식사를 마친 세마희는 이제 집을 나선다.

신발을 신으며 현관에서 엘리베이터를 미리 호출할 수 있으니 편리한 세상이다. 지하철역에 도착한 세마희는 개표구에서 교통카드를 태그하고 에스컬레이터에 올라타 플랫폼으로 이동한다. 때마침 지하철이 곧 도착한다고 한다. 무선이어폰을 꽂고 본방송을 놓친 드라마를 본다. 지하철은 밀린 드라마를 보기에 딱 좋은 장소이다. 드라마 한 편을 가뿐하게 마친 세마희는 가벼운 발걸음으로 회사까지 걸어간다. 출입증을 태그한 후 엘리베이터를 타고 사무실까지 직행한 세마희.

일에 집중하고 있는데 낯선 번호로 전화가 온다. "고객님, 안녕하세요. ○○ 자동차 영업사원입니다. 예약 걸어놓으신 자동차, 대기 현황 알려드리려 전화드렸습니다. 아시다시피 반도체 수급이 원활하지 않아서요. 처음 말씀드렸던 대로 대기번호 9번이신 상태이고 10개월 정도 예상됩니다." 또 반도체 이야기란다. 아, 난 언제 BMW(Bus, Metro, Working)족을 벗어날 수 있을까. 돈이 있어도 자동차를 사는 것조차 대기표를 뽑고 기다려야 한다니. 맥이 빠진다.

어느새 퇴근시간. 오늘따라 집으로 돌아오는 길이 유난히 피곤하다. 스치듯 보았던 거울에서 얼굴이 너무 칙칙하다고 느낀다. 식사와 샤워를 마치고 안마의자에 앉아 LED마스크로 셀프 피부 관리를 한다. 이 시간이 세마희가 하루 중에서 가장 좋아하는 시간이다. 가족들이 아이언맨이냐고 놀려도 꿋꿋이 LED마스크를 쓰는 이유는 피부가 좋아지는 느낌적인 느낌이 있기 때문이다. 이렇게 세마희는 하루 일과를 마무리한다.

평범한 세마희의 하루를 함께 따라가 보았다. 혹시 세마희의 일상 속에 숨은 반도체, 과연 무엇이 있었는지 지금부터 시간 역순으로 하나씩 꼽아보겠다.

안마의자, LED 마스크, 회사 엘리베이터, 회사게이트, 출입증, 자동문, 지하철, 지하철 정보사인(전광판), 에스컬레이터, 교통카드, 지하철 개표구, 무선이어폰, 집 엘리베이터, 도어록, 의류관리기, 인덕션, 냉장고, 커피머신, 토스트기, 정수기, 드라이기, 비데, LED 조명, 스마트폰까지, 언뜻 기억하는 곳만 해도 무려 24곳. 아마 스치듯 지나간 곳에 더 많은 반도체가 숨어 있었을 것이다. 단 하루라도 반도체 없이 살 수 있을까?

산업의 쌀 반도체

02

흔히 반도체를 산업의 쌀이라고 한다. 대통령 역시 2022년 9월에 있었던 반도체산업경쟁력강화특위 초청 오찬에서 산업의 쌀이라는 문구를 썼다. 국민의 미래 먹거리이자 4차 산업혁명에서 가장 중요한 분야가 반도체임을 강조하기 위해 활용한 것이다. 그만큼 우리에겐 관용어구로 익숙해진 말이다.

밥을 주식으로 하는 우리는 '산업의 쌀'이라는 표현을 다른 설명 없이도 금방 이해할 수 있으나 아시아권이 아닌 나라라면 그 의미를 알아차리는데 시간이 걸릴 것이다. 아마 빵을 주식으로 하는 서구권이라면 산업의 밀가루라고 명명했을지도 모른다.

반도체가 산업의 쌀이라고 언급된 오래된 문서는 바로 1982년에 출간된 일본인 저자 오마에 겐이치*의 『The mind of the strategist the art of Japanese business』라는 책이다. 이 책에 따르면 1950년대 MITI**는 '철강은 국가'(Steel is the Nation)라는 슬로건으로 제강제철산업에 공격적인 투자를 하며 철강 산

---

* 오마에 겐이치 (Ohmae Kenichi) : 아시아를 대표하는 경영 컨설턴트이자 세계적인 경영 그루의 한 사람. 영국 「이코노미스트」 지에서 피터 드러커, 톰 피터스와 함께 현대의 사상적 리더로 주목하였고, 1994년에는 현대 경영의 정신적 지도자 중 한 명으로 뽑히기도 하였다.

** MITI(Ministry of International Trade and Industry) : 통상산업성. 일본행정기관 중 하나로, 2차, 3차산업 진흥, 국제무역 등을 주 업무로 함

업을 주도했다. 그 결과 일본의 철강은 경쟁력을 갖추어 전 세계 제조되는 선박의 50%, 자동차의 30%를 차지할 정도에 이르렀다. 하지만 1980년대 들어서면서 MITI는 철강의 시대는 저물어가고 다음 산업시대가 다가오고 있음을, 부가가치 무역에 의존하는 국가 생존에 결정적인 역할을 할 신산업 발굴의 필요를 느끼고 있었다. 이때 쌀이 모든 일본인들이 매일 먹는 기본 음식인 것처럼 반도체가 모든 산업의 근간임을 강조하며 반도체를 산업의 쌀(Rice of Industry)이라고 칭하기 시작한 것이다. 그 영향인지 모르지만 1980년대 NEC, 도시바, 히타치, 후지쓰, 마쓰시타(현 파나소닉) 등 일본 5대 반도체 메이커는 세계 반도체 시장을 주름잡았다. 메모리 반도체에서는 일본 업체들이 번갈아 시장점유율 1위를 차지하며 한때 일본 기업 총 점유율이 80%에 육박하기도 했다.

포스코에서도 산업의 쌀이라는 표현을 쓴 적이 있다. 다만 그 대상이 달랐다. 1978년 3월, 박태준 포스코 회장은 제철연수원(지금의 인재창조원) 특강에서 "철은 산업의 쌀이다. 품질 좋은 철을 만들어 나라를 부강하게 만드는 게 곧 제철보국"이라고 강조했다. 철은 건축물 골재, 기계, 선박, 가정용 기구, 가전제품, 자동차 등에 폭넓게 사용될 만큼 용도가 많아서이다.

어느 나라가 먼저 사용하기 시작했는지 그 원조는 확인하기 어려우나 두 나라 공통적으로 1950년~1980년대까지는 철이 산업에서 중요한 역할을 했고, 지금은 수 십 년째 반도체가 바톤을 이어받고 있다. 앞에서 살펴본 세마희의 하루처럼 반도체는 우리 일상 속에 깊이 자리 잡은 필수품이자, 한국 경제의 주축이기도 하다.

석유화학산업 분야에서는 에틸렌을 '산업의 쌀'이라고 부른다. 에틸렌이 합성수지, 합섬원료, 합성고무 등 다양한 물질을 만드는 데 기초 원료가 되기 때문이다. 또한 수소산업 분야에서는 연료 전지를 수소산업의 쌀이라고 부른다. 앞으로 4차 산업혁명 시대에 데이터 주도 사회가 되면 데이터가 산업의 쌀 자리를 차지할 것이라는 의견도 있다.

반도체 기술력 확보 경쟁은 민간 중심에서 국가 간 경쟁으로 심화되고 있는 상황이다. 현 시점에서 반도체 산업은 우리나라 수출의 20%를 차지하면서 9년째 수출 1위를 유지하고 있으며 정부 역시 반도체를 산업의 쌀이자 전략무기로 인식하고 있다.

반도체와 실리콘, 실리콘 밸리

03

성형 수술할 때 많이 쓰는 보형물이자, 고온에서도 사용가능하고 환경호르몬이 나오지 않아 친환경 주방용품으로 인기 많은 실리콘. 애플, 구글, 테슬라, 페이스북 등 세계적 IT기업을 포함하여 40만개가 넘는 기업이 있으면서 1인당 특허수와 엔지니어의 비율, 모험자본 투자 등 모든 면에서 미국 내 최고 수준을 유지하고 있는 첨단 IT연구단지인 실리콘 밸리. 전혀 다른 이미지를 가진 실리콘과 실리콘 밸리가 반도체와 깊은 연관이 있다면 어떤 이야기가 숨겨져 있는 걸까.

먼저 실리콘을 살펴보면 실리콘은 반도체 재료이다. 실리콘(Silicon)은 원자번호 14번 규소의 다른 이름으로, 부싯돌을 의미하는 라틴어 Silex와 탄소의 영문명인 Carbon의 on이 합쳐진 이름이다. 한자어 규소(硅素)는 유리를 만드는 흙의 원소라는 뜻인데, 금속과 비금속의 특성을 모두 갖는 준금속이자 반도체적 성질을 가지고 있다. 규소라는 한자에서도 알 수 있듯이 흙과 모래에 들어 있는데 한 움큼 모래를 쥐면 절반이 실리콘이다. 실리콘은 지각 무게의 약 25% 이상을 차지할 만큼 풍부하고 구하기 쉽다. 비용도 적게 든다. 또한 고온에서도 소자가 동작할 수 있고 전기적 특성이 우수해 반도체의 주재료로 사용 가능하다. 한 때 게르마늄(Ge)이 반도체 재료로 많이 사용되었으나 약 80℃ 정도에서 파괴된다는 결점이 있어, 이제는 광섬유나 광학기기 등에 쓰인다.

기술혁신의 상징인 실리콘 밸리(Silicon Valley)는 미국 캘리포니아주 샌프란시스코만 지역 남부를 가리키며, 반도체 원료인 실리콘과 샌프란시스코 남쪽 산타클라라 계곡에서 따온 이름이다. 실리콘 밸리에 반도체 칩 제조 회사들이 많이 모여 있었기 때문에 이와 같이 이름 붙여졌다. 원래 이곳은 무기를 개발하던 연구소와 기업들이 자리 잡고 있던 곳이다.

  1940년대, 미국은 첨단 무기 개발에 몰두하고 있었고, 과학자들만으로는 부족해 대학에도 도움을 청했다. 하버드 · MIT · 캘리포니아 · 스탠퍼드 · 컬럼비아 미국에서 손꼽히는 명문대학들이 이 프로젝트에 참여해 전자파 무기, 잠수함, 레이더 등을 연구했다. 특히 캘리포니아 주에 있는 스탠퍼드 대학은 전자파를 이용한 무기 연구에서 탁월한 성과를 올려 미국 정부의 이목을 집중시켰다. 거액의 연구비를 지원 받은 스탠퍼드 대학은 대학 밖에 연구소를 세웠는데, 민간 기업까지 몰려들게 되었다. 스탠퍼드 대학 주변은 순식간에 군수 산업단지가 되었다.

  1955년 쇼클리는 벨 연구소를 나와 캘리포니아 공과대학의 객원교수로 근무하면서 스탠퍼드 대학 주변에 회사를 설립했다. 자신의 이름을 딴 '쇼클리 반도체 연구소'는 트랜지스터를 생산하는 회사였다. 쇼클리 반도체 연구소에는 많은 인재들이 몰려들었는데, 그 중에는 나중에 인텔(Intel)을 세운 고든 무어와 로버트 노이스도 포함되어 있었다.

쇼클리는 엔지니어로서는 뛰어난 실력을 가졌지만 경영자로서의 역량은 부족했다. 쇼클리의 까다로운 성격과 고압적인 운영 방식이 문제가 되었는데, 사소한 사고라도 일어나면 쇼클리는 이건 자신을 해치려는 음모라며 거짓말탐지기로 전 직원을 심문했다. 그에 직원 8명이 집단 사표를 내고 가까운 곳에 페어차일드라는 반도체 회사를 세웠다. 쇼클리는 그들을 8명의 배신자라고 부르며 분개했지만 페어차일드는 착실히 성장해 세계적인 반도체 회사로 자리 잡았다.

그들은 다시 독립해 30개가 넘는 반도체 회사를 세웠고, 무기를 연구하고 제조하던 지역은 이제 반도체 산업단지로 탈바꿈했다. 1971년 한 신문사는 이 현상을 보도하면서 처음으로 실리콘 밸리라는 단어를 사용했다. 실리콘 밸리가 대중들에게 사용되기 시작한 것도 이때부터이다.

다시 실리콘으로 돌아가자면 성형수술 보형물이자 주방도구인 실리콘(Silicone)은 반도체 재료인 실리콘(Silicon)과 서로 다른 물질이다. 한글 표기는 같지만 영어로는 알파벳 'e'가 하나 더 붙은 서로 다른 단어이기도 하다. 실리콘(Silicone)은 규소를 원재료로 인공적으로 합성한 유기화합물이다. 열에 강할 뿐 아니라 화학적 안정성도 뛰어나다. 일반 고무와 플라스틱이 열과 충격에 약한 반면 실리콘은 열과 냉기에 강하다.

200℃에도 연속 1만 시간 이상 사용할 수 있어 끓는 물로 소독이 가능한 유아용 치발기와 실리콘 조리도구를 만들 수 있다. 또 −100℃ 극저온에서도 탄력성을 유지해 냉동실용 보관 용기로도 만들어진다. 독성이 없어 성형수술 보형물이나 콘택트렌즈, 젖병과 마개 등에 광범위하게 사용된다. 부드럽고 밀착력이 좋아 수영모나 물안경 제조에도 이상적이다.

종이 방명록의 대체 아이템

코로나 발발 이후로 신조어와 새로운 유행이 많이 만들어 졌다. 외출이 쉽지 않아 집콕 아이템이 외식과 놀이를 대체하게 되었는데 그 유행 중 하나로 와플 기계에 각종 음식 구워먹는 것도 있었다. 와플기계에 음식을 구우면 촘촘한 격자무늬로 인해 골고루 바삭하게 구워지는데 삼각김밥, 가래떡, 인절미, 감자전 등 다양한 음식을 구워먹게 되었다. 이에 와플 빼고 다 구워먹는 한국인이다, 와플의 본고장인 벨기에에서 온 사람도 한국인의 와플기계 활용에 놀랍다는 반응을 보이기도 했다. 어쩌면 한국인의 와플 기계 활용과 K-반도체 사이에 어떤 연관 관계가 있지 않을까?

와플(Waffle)은 네덜란드어 '바플(Wafel)'에서 온 이름이다. '바플(Wafel)'은 중세 네덜란드어 '바펠레(Wafele)'가 변형된 형태로 알려져 있으며 '바펠레(Wafele)'는 고대 고지 독일어의 '바바(Waba)', 고대 영어의 '웨펀(Wefan)'에서 비롯된 단어로 알려져 있다. 이 '바바(Waba)'와 '웨펀(Wefan)'은 각각 '벌집'과 '엮다'라는 뜻을 가진 단어로 와플 특유의 격자무늬를 연상케 한다.

웨이퍼는 모래에서 규소, 실리콘을 추출하여 가공과 성형을 통해 완성된 결정 기둥을 얇은 판 형태로 잘라내서 만들어진 원형의 판을 말한다. 반도체 집적회로(IC: Integrated Circuit)를 만드는 데 사용되는 가장 기본적인 재료이다. 웨이퍼를 살펴보면 표면에 바둑판 같은 격자무늬 눈금이 그려져 있다. 유사한 생김새 때문에 와플에서 이름을 따왔다고 한다.

이 웨이퍼가 반도체와 반도체 산업을 대표하는 주요 상징이 되고 있다. 2021년 4월 미국 백악관 주재로 '반도체 및 공급망 회복을 위한 CEO 회의'가 열린 적이 있다. 그 회의에서 바이든 미국 대통령이 웨이퍼를 손에 들어 흔들면서 "이것이 인프라(기간시설)입니다."라고 말해 화제가 되었다.

전 세계 패권을 장악하고 있는 미국 대통령이 활용한 아이템이니 관련 업계는 손에 들렸던 웨이퍼가 어떤 제품인지, 어떤 의미를 포함하는지 촉각을 곤두세울 수밖에 없었다. 해당 아이템은 시스템 반도체 분야에서 일반적으로 사용되는 8인치 웨이퍼로, 미국 내 파운드리 공장 증설, 차량용 반도체 생산 확대에 대한 압박의 메시지가 담겨있다고 추정되었다. 또한 12인치보다는 8인치가 들고 흔들기 적당한 크기였기 때문이지 깊은 의도는 없다는 해석도 있었다.

웨이퍼의 크기가 얼마이든 간에 웨이퍼를 만드는 것은 반도체 8대 공정 중 첫 번째 과정으로 바이든 대통령이 전달하고자 하는 메시지를 강조하기에 적합한 아이템이었다고 생각된다. 그전까지만 해도 반도체하면 많은 사람들이 떠올리는 이미지는 눈만 내놓고 머리끝부터 발끝까지 온 몸을 다 가리는 방진복과 손톱크기만한 칩셋이 전부였기 때문이다.

또한 2022년 5월 한국·미국 양국 정상이 삼성전자 평택 반도체 공장을 시찰하면서 두 나라의 대통령은 종이 방명록 대신 웨이퍼에 서명했다. 이 두 번의 행사를 통해 반도체를 대표하는 아이템은 웨이퍼로 확실하게 굳어진 셈이다.

웨이퍼의 두께가 얇을수록 제조 원가가 줄어들며, 지름이 클수록 생산 가능한 반도체 칩 수가 증가하기 때문에 추세는 웨이퍼의 두께는 얇고 크게 만드는 추세로 바뀌고 있다.

그렇다면 웨이퍼는 1년에 얼마나 만들어질까? 한국의 삼성전자와 SK하이닉스, 대만의 TSMC, 미국의 마이크론, 일본의 키옥시아 등 이들 5개 회사가 시장의 50% 이상을 차지하는데 2021년 200㎜(8인치) 환산 기준으로 월 1,221만7,000장의 웨이퍼를 생산했다.

노메타리서치에 따르면 삼성전자는 전 세계 웨이퍼 생산능력의 19%를 차지해 업계 1위를 유지했다. 뒤이어 대만 TSMC, 미국 마이크론, SK하이닉스, 일본 키옥시아 순으로 웨이퍼 생산능력이 뛰어났다. 또한 국제반도체장비재료협회(SEMI)에 따르면 2025년 우리나라가 반도체 웨이퍼 생산 능력 점유율 24%로 1위를 차지할 것으로 보인다. 본국보다 와플 기계 활용을 잘 하는 민족의 저력은 K-반도체에서도 드러나는 게 아닐까.

최초의 컴퓨터와 최초의 반도체

반도체가 발명되기 이전의 전자기기는 어떤 모습이었을까? 영화 『이미테이션 게임』에서 최초의 컴퓨터 '콜로서스*'를 볼 수 있다. 영화 속에서는 '크리스토퍼'라고 불리던 암호해독 장치가 등장한다. 2차 세계대전 당시 독일은 고성능 암호기를 통해 24시간마다 바뀐 암호체계로 기밀 정보를 주고받았는데, 이것은 인간이 풀 수 없을 정도로 복잡해 해독기계가 필요했다. 영국은 독일의 암호를 풀기 위해 1943년 앨런 튜링의 제안에 따라 진공관을 이용한 암호 해독기를 만든다. 이것이 바로 세계 최초의 연산 컴퓨터 콜로서스이다. 콜로서스는 높이 3m에 2,400개의 진공관을 설치할 정도로 거대했고 1초에 5,000 단어를 분석할 수 있었다. 1944년 봄, 영국은 콜로서스를 이용해 독일의 암호를 푸는 데 성공했고 2차 세계대전을 연합국의 승리로 이끈 노르망디 상륙작전을 감행하게 된다.

이 영화의 포스터에도 주인공 키보다 훨씬 큰 콜로서스가 등장한다. 그 당시 컴퓨터 사이즈가 컸던 이유는 진공관 때문이다. 진공관 하나의 크기도 컸을 뿐 아니라 개수도 수천 개가

---

* 최초의 컴퓨터를 1946년에 개발된 '에니악(ENIAC)'으로 알고 있는 사람이 많다. 대학교 컴퓨터개론 교재에도 그렇게 언급되기도 했다. 콜로서스보다 2년이나 늦게 개발된 에니악이 왜 최초의 컴퓨터로 알려지게 됐을까? 콜로서스는 전쟁 중 암호 해독을 목적으로 만들어져 개발과정부터 극비리에 진행됐다. 1975년 영국 정부가 콜로서스 사진을 공개하기 전까지 세상에 존재를 알릴 수 없었기 때문이다.

탑재되고 전기소모와 발열도 심각했다. 온도, 습기에도 민감해서 휴대용 기기에 적용하기란 상상조차 어려웠다. 하지만 트랜지스터 개발로 전자 부품 소형화 시대가 열렸고, 전자 기기는 현재 사용하는 컴퓨터, 노트북, 스마트폰 등의 크기로 획기적인 몸집 줄이기가 가능해졌다.

트랜지스터는 전기 전자회로에서 없어서는 안 될 매우 중요한 부품이다. 미국 벨 연구소에서 근무하던 쇼클리, 바딘, 브래튼이 1948년 발명한 트랜지스터를 최초의 반도체라고 일컫는다. 트랜지스터를 발명한 당시에는 이 부품에 특별히 정해진 이름이 없었는데 벨 연구소 내에서 이름 공모를 위한 투표를 실시해 여러 후보 중에서 압도적 선호로 선정됐다. 트랜지스터(Transistor)는 전송하다는 뜻의 Transfer, 저항 소자라는 뜻의 Varistor의 합성어*이다. 전기전도성을 가지면서 동시에 저항의 역할도 한다는 의미에서 그 특징을 가장 잘 표현하는 이름이었기 때문에 연구원들에게 매력적으로 보였던 것 같다. 1951년에 텍사스 인스트루먼트사(TI)에 의해 실리콘 트랜지스터가 생산되기 시작했다. 그리고 7년 뒤 미국 TI의 엔지니어인 잭 킬비가 여러 개의 반도체 소자를 하나의 작은 반도체 속에 집어넣는

---

* Transfer(전송) + Resistor(저항)의 두 단어를 합친 것이라는 견해도 있다

방법을 발명하였는데 이를 집적회로(IC: Integrated Circuit)라고 한다. 이러한 반도체 칩 제작 방식은 현재도 사용되고 있다.

트랜지스터의 기능은 크게 스위칭 기능, 증폭 기능으로 볼 수 있다.

1. 스위칭 기능

스위치 하면 떠오르는 것이 집에 있는 형광등, LED 등의 스위치일 것이다. 전등의 스위치를 생각하면 트랜지스터의 스위칭 작용은 매우 쉽다. 스위치가 열려 있으면 전류가 흐르지 않고, 스위치를 닫으면 전류가 흐르게 된다. 이런 성질을 이용하면 회로에서 전류가 흐를 때를 1, 전류가 흐르지 않을 때를 0으로 하여 스위치처럼 이용할 수 있다. 이것을 트랜지스터의 스위칭 작용이라고 한다.

이러한 스위칭 기능은 디스플레이의 픽셀을 켜고 끄는 등 밝기를 조절하는 데에도 유용하게 사용되고 있다. OLED나 LCD에는 각각의 픽셀을 조절하는 아주 작은 박막트랜지스터(TFT)들이 무수히 많이 탑재돼 있는데, 이 TFT들이 스위칭 작용을 하기 때문에, 픽셀이 고정된 색이 아니라 다양한 밝기와 색상을 만들어낼 수 있다.

2. 증폭 기능

앰프는 트랜지스터의 증폭 작용을 이용해 만든 대표적인 기기다. 마이크가 음성 신호를 전기 신호로 바꿔주면 이 신호는 앰프를 거쳐 크게 증폭되는데, 앰프 안에 트랜지스터가 있기 때문이다. 이렇게 증폭된 전기 신호는 스피커를 빠져나올 때 다시 음성 신호로 바뀌게 된다. 한마디로 트랜지스터를 지나고 나서 소리가 더 커지는 것이다.

또한 트랜지스터는 전파나 음성 신호와 같은 교류 신호의 증폭뿐만 아니라 직류 전기신호의 증폭에도 이용된다. 이것을 직류 증폭이라고 하는데 직류전원 장치(파워서플라이)에도 트랜지스터가 이용되고 있다.

우리가 사용하는 대부분의 전자제품에는 트랜지스터가 들어있다. 제품 내부의 전자회로에 장착되어 있기 때문에 우리 눈에 쉽게 띄지는 않지만, 휴대성과 소형화가 중요해진 21세기, 특히 모바일 중심 세상에 살고 있는 현재의 우리에게 트랜지스터는 없어서는 안 될 전자 부품이다. 트랜지스터는 현재는 물론, 미래에도 플렉시블 디스플레이용 TFT 등 다양한 분야에서 다양한 형태로 발전하며, 그 중요성도 계속 이어질 것으로 전망된다. 전자 기술의 혁신을 가져온 트랜지스터. 트랜지스터의 발명과 파급 효과를 바라보면, 인류의 발전과 풍요를 위해 미래에는 또 어떤 혁신 기술이 등장할지 기대된다.

● 나노

미시세계로의 초대

06

나노기술은 더 이상 낯설지 않는, 우리 생활 속 깊숙이 들어와 있는 기술이다. 나노종합기술원, 나노반도체공학과, 국가 나노기술정책센터와 같이 기관의 이름에 '나노'가 들어가 있는 경우도 심심치 않게 발견할 수 있다. 또한 새로운 제품의 이름이나 설명서를 유심히 들여다보기만 해도 나도세럼, 나노크림, 나도플러스치약과 같이 생활용품부터 시작하여 나노공기청정기, 화상환자용 은나노연고, 캡슐형내시경, 골프공 및 나노드라이버, 통기성 방수 스키자켓 등 가정용품, 의료, 스포츠 레져 분야 포함하여 다양한 분야에서 나노를 활용하고 있다. 나노기술은 원자와 분자 및 초분자 크기로 (즉, 나노 스케일) 물질을 능숙하게 사용하는 능력을 가리키는 포괄적인 용어이다.

나노(nano)는 고대 그리스어로 '난쟁이'를 뜻하는 '나노스(nanos)'에서 유래되었다. 일반적으로 과학자들은 나노 물질을 1 ~ 100 나노미터(nm, 1 nm = 10억 분의 1m)의 범위에서 적어도 하나의 일정한 차원을 갖는 물질을 지칭한다. 나노미터(nm)는 꽃가루(약 40μm)의 4만분의 1 정도로 굉장히 작다. 우리 일상 속 흔히 보이는 사물과 비교하면 모래(약 1mm)의 100만분의 1, 머리카락 굵기(약 100μm)의 10만분의 1 에 해당하는 크기이다.

나노를 처음 이야기한 사람은 유명한 미국의 천재 물리학자 리처드 파인만이다. 그는 1959년 미국물리학회 주최로 열린 캘리포니아 공과대학 강연회에서 『There's plenty of room at the bottom』이라는 제목으로 강연을 했다. 제목은 '저 밑바닥에 아주 풍부한 공간이 있다'로 직역되기도 하고, '극소공학 분야에 무한한 가능성이 있다'라고 의역되기도 한다. 이 강연에서 그는 당시 세상 거의 모든 지식을 담고 있다고 여겨졌던 브리태니커 백과사전 24권 한 질을 폭 1.6mm에 불과한 핀 머리에 새겨 넣을 수 있을 것이라고 주장했다. 또한 아주 작은 의료용 기계를 만들어 혈관 속에 넣으면 그 기계가 혈관 속을 이리 저리 다니며 병을 치료하는 세상이 올 것이고, 그것은 궁극적으로 원자를 마음대로 배열하여 물질을 합성하는 기술이 도래할 때 가능할 것이라고 주장했다. 청중의 반응은? "농담도 잘 하시네요~"였다.

나노 기술은 가시광선 파장보다 작은 물질을 볼 수 있는 현미경이 1981년 개발된 뒤에야 본격적으로 발전하기 시작했다. 원자와 분자를 볼 수 있게 되자 깎고 다듬고 재배열도 할 수 있게 됐다. 이 현미경을 발명한 IBM 과학자들은 5년 뒤 노벨 물리학상을 받았다. 파인만의 예측이 나노과학, 나노 테크놀로지로 발전하기까지 수 십 년이 걸린 셈이다. 그의 예언은 이미 이루어진 것도 있고 멀지 않은 미래에 이루어질 것이다.

이 나노 과학, 나노 기술은 반도체에서 어떻게 활용되고 있을까? 1990년대만 해도 컴퓨터 저장 용량이 1기가바이트(GB) 안팎에 불과했다. 요즘은 휴대폰의 저장 용량이 1GB의 1,000배인 1테라바이트(TB)에 달할 정도이니 기술의 발전이 신기하기만 하다. 어떻게 이 많은 데이터가 손톱만한 반도체에 들어갈 수 있을까? 바로 나노 단위의 반도체 회로 기술로 반도체 '집적도'가 높아졌기 때문이다.

'집적'이란 '모아서 쌓다'라는 의미로 '집적도'란 반도체 칩이 얼마나 많은 논리소자(논리연산을 하는 최소 단위의 회로)로 구성되어 있는지를 뜻한다. 작은 칩 내 집적도를 높이기 위해 현재 회로 선폭은 한 두 자릿수의 나노미터 수준에 이르렀다. 반도체 회로가 미세화될수록 같은 면적에 더 고용량, 고성능, 고효율의 제품을 만들 수 있게 된다. 초미세 공정을 설명할 때 '나노미터'가 자주 등장한다.

현재 반도체 공정 기술은 한 두 자릿수 나노미터까지 발전했다. 한자리 수 나노 공정에 진입했다는 것은 공정 단계를 줄이는 것 이상의 의미가 있다. 칩 크기가 작아지면 동일 면적의 웨이퍼 안에서 더 많은 반도체를 생산할 수 있기 때문에 생산성은 물론 성능과 전력효율까지 확보할 수 있고, 이는 가격 경쟁력과도 직결된다.

2020년 7월, 인텔은 7나노미터 공정 기반의 중앙처리장치

(CPU) 생산 일정을 6개월 미루겠다고 발표한 적이 있다. 발표 이후 60달러 선에 머물렀던 인텔의 주가는 40달러 후반까지 떨어졌다. 수 십 년째 반도체 시장의 절대강자로 군림해 온 인텔조차 사실상 미세공정의 어려움을 시인했기 때문이다. 그리고 인텔 발표 일주일 만에 경쟁업체인 대만 파운드리 업체 TSMC의 주가가 4%, 삼성전자는 8% 올랐다. 나노 숫자의 크기가 곧 기술력이고 경쟁력인 셈이다.

- **반도체, 반도체 소자와 IC**

쌀과 밥, 떡은 모두 다르다

오랜만에 해외여행을 떠난 세마희. 며칠 째 햄버거와 피자, 스파게티만 먹다보니 이제 밥과 김치가 먹고 싶다. 다음날은 호텔 조식 뷔페. 아. 신난다. 식당이 너무 넓어 어디에 밥이 있는지 찾기가 어렵다. 그래서 직원에게 물어본다. "Do you have rice?", "OK" 일단 떠오르는 대로 말을 했는데 말이 끝나자마자 왜 나는 stimmed rice나 boiled rice라고 물어보지 않았는지 자신이 한심하게 느껴진다. 그러다 정말 생쌀을 가져다주면 어떡하지? 현지 직원이 제대로 알아들었을지 궁금하고 걱정이 된다. 하지만 다행스럽게도 직원이 쌀밥이 있는 위치로 안내해준다. 오우~ 땡큐!!

위의 경우와 같이 외국인과 이야기할 때 쌀이라고 대충 말해도 밥이라고 알아듣는다. 식당이라는 상황, 외국인 여행자이기에 영어가 능숙하지 않다는 점을 감안해서 추측한 것이 틀리지 않았던 것이다. 하지만 같은 한국 사람과 일상 대화를 하는 도중에 쌀이라고 말을 하면 듣는 사람은 밥이 아닌 정말로 쌀을 떠올릴 수 있다. 정확하게 말하지 않으면 혼돈이 생긴다. 재료인 쌀과 쌀로 만든 음식인 밥, 떡은 엄연히 다르다는 것을 알기 때문이다.

이와 같은 혼돈은 반도체를 이야기할 때도 발생할 수 있다. 포털이나 뉴스에 거의 매일 등장하는 반도체는 사실 물질이자 재료이다. 물질은 단지 성질을 가지고 있을 뿐, 어떤 기능도 가지지 않는다. 반도체란 앞 장에서 설명했듯이 도체보다 전기가 적게 흐르고 부도체보다 전기가 잘 흐르는 성질을 가진 물질일 뿐 그 자체로는 아무런 기능을 가지지 않는다. 그렇지만 반도체 물질로 만든 물체 즉, 반도체소자(Semiconductor Device)는 기능을 가진다.

반도체소자도 분류하는 기준이 무엇이냐에 따라 달라진다. 일반적으로 가장 크게 분류하는 방법의 하나인 집적도(integration)를 기준으로 반도체소자를 분류하면 〈표〉와 같다.

개별소자(Discrete Component, Discrete Device)는 낱개로 되어있는 소자이다. 즉, 소자 한 개가 하나의 물체이다. 전류를 증폭시키거나 온/오프 시키는 트랜지스터(Transistor), 한쪽으로만 전류를 흐르게 하는 다이오드(diode), 전류가 흐르면 빛이 나는 LED(Light

〈표〉 반도체 소자 분류

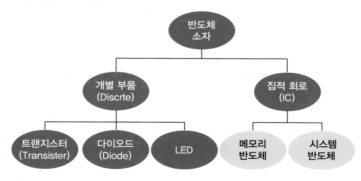

46

Emitting Diode) 등이 개별소자에 속한다.

우리가 일상생활에서 흔히 '반도체', '반도체칩', '칩셋'이라고 부르는 것은 IC(Integrated Circuit) 즉 집적회로(集積回路)이다. 집적회로는 하나의 반도체 기판에 다수의 트랜지스터, 다이오드, 저항, 캐패시터 등 많은 소자를 초소형 전자회로로 구성해 하나의 칩 안에 집적한 것이다. 집적(集積)이라는 단어는 '모아 쌓다'의 의미를 가지고 Integrated의 단어에도 '통합'이란 의미가 있으나 여기서 중요한 말은 '전자회로'라는 말이다. 단지 여러 개의 트랜지스터가 물리적으로 함께 있다고 해서 그것을 IC라고 하지는 않는다. 분리될 수 없도록 결합되어 있어야 하고, 완전한 회로기능을 갖추어야 한다.

앞으로 뉴스를 접할 때 반도체, 칩셋, 반도체칩, 칩 등의 용어가 혼용되더라도 이 책을 읽는 독자들은 재료로서의 반도체와 소자로서의 반도체는 엄연히 다른 것임을 알았으면 한다. 쌀과 밥을 구별할 수 있는 것처럼 말이다.

반도체의 숨은 공신

    2025년부터 초등학교, 중학교에서 코딩이 의무화된다고 한다. 이제 코딩은 사교육 시장의 한 때 유행이 아니라 정규 교과과정으로 되는 것이다. 명확히 그 시점을 정할 순 없지만, 서양권에서는 대략 2014년 정도부터 본격적으로 코딩 교육이 시작된 것으로 보인다. 영국, 핀란드, 호주 등에서부터는 유치원부터 코딩 교육을 의무적으로 실시했으며, 미국에서도 고등학교 정규과목으로 코딩을 채택하고 있다.

    그리고 이러한 코딩 교육의 선두에는 유명 인사들이 자리했다. 지금은 고인이 된 애플의 전 CEO인 스티브 잡스는 생전에 "모든 사람이 컴퓨터 프로그래밍을 배워야 한다. 이는 생각하는 방법을 가르쳐주기 때문이다"라고 강조했고 미국의 오바마 대통령 역시 연설을 통해 "코딩은 당신의 미래뿐 아니라 조국의 미래"라고 강조한 바 있다.

    이러한 발언이 영향이 있을지 모르겠지만 많은 사람들의 생각 속에 코딩은 곧 프로그래밍, 소프트웨어이고 그것은 PC나 스마트폰에 설치된 운영체제나 애플리케이션과 깊은 연관이 있다고 생각한다. 반도체 하면 떠오르는 것이 웨이퍼나 손톱보다 작은 칩과 같은 하드웨어적인 모습만 생각하고 소프트웨어와는 관계가 없다고 생각하는 듯하다.

    하지만 반도체를 이해하기 위해선 반도체 소프트웨어를 알아둘 필요가 있다. 이 작은 칩들은 전자기기 안에 들어가서 과

연 어떻게 작동될 수 있는 걸까? 수백편의 영상은 어떻게 메모리에 저장되고 저장된 영상은 어떻게 클릭 한번으로 재생되는 것일까? 이 작은 고성능의 칩이 전자기기에 탑재될 때 시스템과 충돌 없이 모든 기능을 잘, 그리고 효율적으로 구현하기 위해서 반드시 필요한 것이 있다. 바로 반도체 소프트웨어이다.

마이크로 SD카드를 예로 들어보자. 이제 막 배송되어 온 마이크로 SD카드를 뜯어 기기에 장착해서 속성을 살펴보니 용량이 64GB라고 표시된다. 그렇다면 새로 산 마이크로 SD카드는 텅 비어 있고 사용자가 64GB를 온전히 다 쓸 수 있을까?

아니다. 보통 마이크로 SD카드에는 대략 50만 줄의 소스 코드가 들어 있다. 50만 줄의 소스 코드면 A4용지 수 만장에 이르는 양이다. 수 만장 분량의 소스 코드로 작성된 소프트웨어는 일종의 조이스틱 역할을 한다.

우리가 무언가를 저장할 때 어디에 어떻게 저장할 지 고민하지 않더라도 저장 버튼만 누르면 되고 일일이 찾지 않더라도 클릭만으로 데이터를 불러올 수 있도록 하는 것. 이런 과정을 수행하는 게 소프트웨어이다.

실제 저장 공간의 용량이 표기된 것보다 적은 것은 스마트폰에서도 동일하다. 삼성 갤럭시 공식 홈페이지를 보면 제품별 스펙을 볼 수 있는데, 메모리는 256GB이지만 사용할 수 있는 메모리는 217.5 GB라고 표시되어 있다. 이에 대해 다음과 같이 설명한다.

사용자 메모리는 OS의 용량과 기능을 작동시키는 소프트웨어에 사용되기 때문에 전체 메모리보다 작습니다. 실제 사용자 메모리는 사용자에 따라 달라지며, 소프트웨어 업그레이드 이후 달라질 수 있습니다.

SSD에서 반도체 소프트웨어는 어떤 역할을 하는지 살펴보자. SSD는 PC의 CPU와 유사한 역할을 하는 컨트롤러, 캐시 메모리 역할을 하는 D램, 데이터저장용 메모리인 낸드플래시로 구성된다. 낸드플래시의 특징이 데이터 덮어쓰기가 안 된다는 것이다. 낸드플래시에 저장된 데이터를 수정하게 되면 원본은 그대로 살아있고 수정본은 또 다른 방에 저장이 되는 방식이다. 그래서 불필요한 데이터가 축적될 수밖에 없다.

내가 필요한 건 최종 완성본인데 불필요한 가비지(Garbage), 즉 쓰레기 파일들이 함께 저장되다보니 결국 SSD의 저장 공간을 효율적으로 사용하는 게 어려워진다. 그래서 이런 필요 없는 데이터들이 많이 쌓이게 되면 시스템에서 한 번씩 지우게 되는데 이 과정을 통해 사용 불가능했던 저장 공간을 사용가능하도록 만들 수 있다. 이것을 가비지 컬렉션 (Garbage Collection)이라고 한다.

동시에 한 공간에서만 읽고 쓰고 지우기가 반복되면 SSD의 수명이 금방 바닥날 수 있기 때문에 저장 공간을 골고루 활용하는 웨어 레벨링(Wear Leveling) 작업도 있다. 이 모든 작업이 반도체 소프트웨어를 통해 이루어지기 때문에 반도체 소프트웨어는 없어서는 안 될 중요한 요소이다.

소프트웨어는 반도체의 내구성과 안정성을 높이는데도 큰 역할을 한다. 자동차의 에어백이 사람을 구하는 것처럼 반도체 소프트웨어는 데이터를 보호한다. 데이터 보호 이슈 중에 중요한 건 온도이다. 어떤 SD카드는 영하 25도에서 85도까지 보증한다고 적혀있기도 한다.

왜 이런 보증을 하는 것일까? 낸드플래시 메모리는 온도의 영향을 많이 받는다. 추운 곳에서 저장한 데이터를 더운 곳에서 읽으면 못 읽을 가능성이 높다. 왜냐하면 온도에 따라서 낸드플래시 셀의 전압 특성이 바뀌기 때문이다.

바로 이때 반도체 소프트웨어는 데이터가 저장될 때의 온도와 읽을 때의 온도를 기억해서 적절히 조절하는 역할을 하는데, 덕분에 온도 차이가 발생하더라도 정보를 불러들이는데 어려움이 없도록 만들어준다. 물론 SD카드나 SSD 뿐 아니라 반도체가 들어가는 휴대폰, 차량에서도 그 역할을 매우 다양하다.

반도체 분야에서 엄청난 활약을 펼치고 있는 반도체 소프트웨어. 반도체 산업이 고도화될수록 더욱 중요해질 것이다.

● **IDM, 팹리스, 파운드리**

프랜차이즈 본사와 가맹점
그리고 직영점

대한민국은 한집 건너 한 집이 치킨집이라는 말이 있다. 그리고 치킨집 대부분이 지역 기반의 로컬 브랜드라기보다는 프랜차이즈 브랜드이다. 외식업에 조금이라도 관심이 있다면 프랜차이즈 본사와 가맹점, 직영점의 차이를 알 것이다.

일단 직영점부터 먼저 살펴보자. 직영점은 본사에서 직접 투자 및 직원을 고용해서 운영하는 사업형태이다. 스타벅스나 아웃백스테이크 하우스가 직영점으로 운영하는 대표적인 사례다. 프랜차이즈는 가맹 본부 즉 본사가 가맹점에게 상표와 경영 노하우를 제공하고, 가맹점은 본부의 도움 속에 상품과 서비스를 파는 대신 본부에 수수료를 내는 사업형태를 말한다.

반도체 이야기를 하면서 왜 갑자기 프랜차이즈니 직영점이니 이야기를 하는 걸까? 용어가 낯설고 어려울 뿐이지 반도체 산업을 비즈니스 모델 관점으로 나눠보면 우리가 흔히 아는 외식업의 형태와 유사점을 찾을 수 있기 때문이다.

먼저 종합반도체회사인 IDM(Integrated Device Manufacturer)이 있다. 반도체 개발에서 생산, 판매까지 모든 과정을 자체적으로 하는 회사를 가리키며, 외식 업계로 치면 본사가 모든 것을 직접 다 운영하는 직영점과 유사하다. 대표적인 IDM으로 삼성전자, SK하이닉스, 인텔 등이 있다.

반도체 업계의 두 번째 비즈니스 형태는 팹리스(Fabless)이다. '제조 설비, 공장'을 뜻하는 '패브리케이션(Fabrication)'과 '없다'라는 의미의 접미어 '리스(Less)'를 합성한 말로써 제조 없이 반도체 설계 및 개발만 하는 회사를 뜻한다. 팹리스는 상표와 경영노하우를 제공하지만 직접 영업은 하지 않는 프랜차이즈 본사를 떠올리면 이해가 쉬울 것이다. 또 팹리스라는 단어를 들으면 궁전, 왕실의 단어 팰리스(Palace)와 비슷하게 들린다는 사람도 있다. 궁전(팰리스)에는 왕 또는 여왕이 있고 나라를 통치하고 외교를 담당하지만 직접 경작이나 생산등의 활동을 하지 않는 것이 팹리스와 유사하다.

팹리스 중 뉴스에 가장 자주 등장하는 회사는 퀄컴(Qualcomm)과 암(ARM)이다. 그 외 엔비디아, 애플 등과 같이 상당히 규모가 큰데도 불구하고 팹리스 형식으로 반도체 사업을 하는 이유는 이들은 제품 생산에 들어가는 비용과 인력을 아끼는 대신 개발 및 마케팅에 전념하기 때문이다.

세 번째 형태는 파운드리(Foundry)로 팹리스 회사에서 설계한 반도체의 생산만을 전문으로 하는 업체이다. 프랜차이즈 본사에서 노하우를 전수받고 상품과 서비스를 만들어 파는 가맹점과 같다. 그리고 가맹점에서 만들어 파는 제품은 프랜차이즈 본사의 브랜드를 달고 나가는 것처럼 파운드리에서 생산된 반도체는 생산을 의뢰한 고객사의 이름으로 팔린다.

파운드리란 본래 주조공정을 통해 금속제품을 생산하는 공장을 말한다. 즉 금속을 녹여 쇳물을 거푸집에 넣고 가공하는 생산시설인 주조공장을 가리키는 말이다. 그러나 오늘날 반도체가 각광을 받으면서 반도체 산업에서의 위탁생산 전문업체를 뜻하는 말로 '파운드리'라는 용어가 자리를 굳혔다.

반도체 칩의 제조설비는 관리에 많은 비용이 들며 새로운 제조기술을 개발하는데도 막대한 연구비용이 필요하다. 대규모로 반도체 칩을 제조하는 업체가 아니면 반도체 제조설비, 팹(Fab)을 직접 보유하기 어렵다. 이처럼 제조설비를 보유하고 있지 않은 업체의 요구로 반도체 칩의 제조를 부담하는 기업이 파운드리다. 공장, 특히 반도체 생산설비를 구축하는 데는 넓은 부지를 비롯해 비싼 장비를 들여오는 비용이 많이 드는 거대한 장치산업이다보니 영위할 수 있는 회사가 많지 않다.

2019년 삼성전자 화성사업장 반도체 생산라인 건설 현장에서 이재용 회장이 문재인 대통령에게 "인천공항 3개 지을 비용"이라고 자랑하는 이 건물이 바로 파운드리 반도체 공장이다. 국내 1위 기업인 삼성도 자랑하고 싶을 정도로 크게 투자해 건설할 정도면, 다른 기업들에게는 더욱 쉽지 않다.

파운드리는 소품종 대량생산을 하는 메모리 반도체와 달리 다품종 소량생산이 특징이다. 모바일, 인공지능, 사물인터넷 등에서 다양한 반도체 수요가 급증하면서 파운드리 시장이 더욱 커지고 있다.

PART

II

반도체 본격 뽀개기

삼성전자 14나노 D램 _ 삼성전자 뉴스룸(news.samsung.com)

메모리반도체와 시스템반도체
기억 잘하는 사람 vs 계산 잘하는 사람

10

요즘 뉴스를 보면 시스템반도체, 메모리반도체, 메모리, 비메모리 이런 용어들을 많이 볼 수 있다. 익숙하지 않은 반도체라는 단어에 시스템이며, 메모리까지 붙어 있으니 컴퓨터나 전자공학에 대한 지식이 있어야 알 수 있을 것 같은 부담감이 든다. 하지만 새로운 용어로 인해 어려워 보일 뿐 컴퓨터를 사용하는 사람이라면 그 개념은 알고 있다고 해도 무방하다. 우리가 이미 알고 있는 내용에 그저 새로운 카테고리 용어가 생긴 것일 뿐이다.

컴퓨터를 살 때 보통 고려하는 요소는 무엇일까? 노트북의 경우라면 예쁜가, 가벼운가, 배터리가 오래 가는가 이런 사항이 중요하게 여겨질 수도 있다. 하지만 데스크톱 컴퓨터까지 포함해서 생각해본다면 주로 CPU, 램, 하드디스크 또는 SSD를 주요로 따져볼 것이다. 그리고 각 부품에 따라 모델명이 무슨 스펙을 나타내는지 자세히는 모르지만 모델명 뒤에 붙는 숫자가 크면 클수록 속도가 빠르고 저장 용량이 크다는 것은 짐작되리라 생각된다. 인텔 제품을 보면 코어수, 최대 터보주파수, 캐시 이런 세부 내역을 굳이 비교해보지 않아도 i9-13900K이 i9-12900HX보다 최신 제품이며 고사양이다.

CPU(Central Processing Unit)는 이라고 하며 컴퓨터 두뇌에 해당하는 부품으로 기억, 해석, 연산, 제어의 역할을 한다.

램(RAM, Random Access Memory)은 사용자가 자유롭게 내용을 읽고 쓰고 지울 수 있는 기억장치이다. 컴퓨터가 켜지는 순간부터 CPU는 연산을 하고 동작에 필요한 모든 내용이 전원이 유지되는 내내 이 기억장치에 저장된다. '주기억장치'로 분류되며 보통 램이 많으면 한 번에 많은 일을 할 수 있기에 작업을 할 수 있는 '책상'에 비유되곤 한다. 대신 전원이 차단되면 데이터가 지워지기 때문에 휘발성이라는 특징을 가진다. 하드디스크 또는 SSD는 비휘발성 즉 전원이 꺼져도 데이터를 보관할 수 있는 성질을 가진 저장장치이다.

우리가 컴퓨터를 사용하면서 알고 있던 부품들을 반도체라는 새로운 이름을 붙여보면 다음과 같다. CPU는 시스템 반도체이자 비메모리 반도체이다. 앞으로 다루게 될 모바일 프로세서, NPU, GPU 등 단어에 Processor의 'P'가 들어가면 시스템 반도체라고 생각해도 무방하다. 그리고 램과 SSD는 메모리 반도체이다.

메모리 반도체와 시스템 반도체를 사람에 비유하자면 '기억을 잘하는 사람'과 '계산을 잘 하는 사람' 또는 '암기 과목'에 능한 학생과 '수학·물리를 잘 하는 학생'으로 볼 수 있다. 이러한 특성은 생산방식과 필요한 기술역량에도 차이를 준다.

메모리 반도체의 종류는 여러 가지가 있으나 대표 모델은 D램과 낸드플래시이다. PC나 스마트폰 등 범용적으로 사용되

〈표〉'메모리 반도체'와 '비메모리 반도체'의 차이점

메모리 반도체 (Memory Semiconductor)	-	비메모리 반도체 (System Semiconductor)
정보 저장	목적	정보 처리
D램, S램, V램, 롬 등	제품	CPU, ASIC, MDL, 멀티미디어 반도체, 파워반도체, 개별소자 등
소품종 대량 생산	생산방식	다품종 소량 생산
미세공정 등 HW 양산 능력	기술성	설계 및 SW 기술력
선행기술 개발, 자본력, 설비투자	경쟁력	우수 설계인력, 설계기술

출처: ASML KOREA

기 때문에 소품종 대량 생산이 가능하며 HW 양산능력이 중요하다. 자본력, 설비투자 능력의 뒷받침도 필요하다. 반면 시스템 반도체는 종류가 다양하다. 컴퓨터에 들어가는 CPU 외에도 스마트폰에 들어가는 모바일 프로세서, 자동차용, 가전제품용 등 여러 가지이다. 품종이 많은 만큼 개별 모델별로 생산되는 수량은 적다. 설계능력, SW 기술력이 많이 요구된다.

그렇다면 시스템 반도체를 왜 비메모리라고 부를까? 비메모리하면 어쩐지 반도체의 핵심은 메모리이고, 나머지는 기타 등등 사소한 것처럼 들리지만 현실은 반대이다. 반도체 시장에서 메모리 반도체의 비중은 30%, 비메모리 반도체는 70%

다. 사실 비메모리란 말은 한국에서만 쓰는 단어이다. 그 이유는 한국 반도체 산업이 메모리 반도체에 집중되어 있기 때문이다. 외국에서는 시스템반도체라는 명칭을 사용한다. 2022년 10월 기준 한국 메모리 반도체 세계 점유율은 70% 수준으로 세계 1위이다. 반면 비메모리 반도체 점유율은 3퍼센트에 불과하다. 한국 반도체 산업은 메모리 쏠림 현상이 심한 편이다. 반도체의 70%를 차지하고 있는 비메모리 반도체의 경우, 설계 시장은 미국이, 생산 시장은 대만이 1위를 점유하고 있다.

● D램
우리나라 수출 효자 상품

반도체 중에 국가등록문화재로 지정된 것이 있다. 바로 삼성전자의 64K D램인데, 1983년에 세계에서 세 번째이자 우리나라 최초로 개발한 상용화된 반도체이다. 손톱만한 크기의 칩 속에 6만4,000개의 트랜지스터 등 15만개의 소자를 800만개의 선으로 연결해 8,000자의 글자를 기억할 수 있다. 64K D램 개발을 통해 첨단 기술이라는 반도체 분야에서 세계 정상에 오르는데 크게 기여하였으며, 집적회로의 실용화로 산업사회에서 정보화 사회로의 전이를 가속화 시켰다는 의의가 있다.

D램(Dynamic Random Access Memory)이 어떤 반도체인지 먼저 살펴보자. 메모리란 단어가 중간에 있듯 말 그대로 기억을 담당하는 컴퓨터 부품으로, 컴퓨터나 스마트폰에서 데이터를 기억(저장)하는 역할을 한다. D램은 조직 내에서 본다면 '비서'와 같은 역할이다. 비서는 사장 옆에서 늘 보좌하며 필요한 정보를 전달한다. 일정 브리핑부터 시작해서 평소 궁금한 정보도 알려주고 회의 직전에 참석자와 내용을 빠르게 알려주는 역할을 한다. 중앙처리장치(CPU)가 전자기기가 필요한 각종 데이터 연산에 집중한다면, D램은 CPU 바로 옆에서 연산에 필요한 정보를 기억했다가 빠른 속도로 전달하는 장치이다. 사실 이 역할을 하는 1차 메모리는 S램이 있으나 S램은 용량이 아주 작아서 정말 급한 용무만 해결한다. 대부분 정보 저장과 CPU와의

정보 공유는 용량이 큰 D램이 한다. '주기억장치'라고 불리는 이유다. 스마트폰이나 노트북 등을 구매할 때, 램 성능이나 용량을 찾아보는데 여기서 말하는 램이 바로 'D램'이다.

D램의 특징이자 단점은 전원이 꺼지면 데이터가 날아간다는 것이다. 마치 업무시간 중에는 빠릿빠릿하게 일처리를 하지만 퇴근 이후에는 전화기를 꺼 놓아 연락이 닿지 않는 사람과 유사하다. D램은 빠른 읽기 속도를 가지는 대신 64ms(1,000분의 1초) 동안만 데이터를 저장할 수 있다. 아주 짧은 순간이기에 거의 전력이 공급되는 동안에만 데이터를 보관하는 것과 같다. 컴퓨터로 문서 작성을 하거나 게임을 하다가 갑자기 정전이 되거나 전원 버튼을 잘못 눌렀을 때 '으악~'하고 비명을 지르는 사람이 많은 것은 이때껏 D램에서 작업했던 내용이 날아가기 때문이다. D램의 이런 특성, 컴퓨터가 꺼지면 데이터가 날아가는 것을 휘발성이라고 한다.

D램과 보조기억장치, CPU는 서로 긴밀하게 협업하면서 데이터를 처리한다. 먼저, CPU가 데이터를 어떻게 처리하는지를 봐야한다. CPU는 특정 주기로 주어지는 신호에 맞춰 연산을 한다. 이 신호를 '클럭 신호'라고 하는데, 한 번의 클럭 신호에 한 번의 데이터가 처리 과정이 이뤄진다고 보면 된다. D램은 이 신호에 맞춰 CPU로부터 데이터를 제공받고, 이후 USB나 하드디스크와 같은 보조기억장치에 데이터를 보낸다.

D램의 발전사는 CPU의 발전사와 함께 간다. CPU의 성능이 좋아지면서 데이터를 더 빨리 처리할 수 있게 됐는데, 이에 따라 D램 역시 데이터를 빠르게 제공해야 할 의무가 생겼다. 빠른 데이터 전송을 위한 대안으로 한 번의 클럭에 두 번의 데이터를 전송할 수 있는 D램이 등장했다. 이를 DDR(Double Data Rate)이라고 한다. DDR은 지속해서 속도를 발전시켜 나가며, DDR 2, 3, 4, 5세대까지 공개됐다.

한편, 휴대 전자기기가 등장하면서, LPDDR이 등장했다. LPDDR은 'Low-Power Double Data Rate'의 줄임말로, 저전력 DDR이다. 휴대 전자기기는 보통 배터리에 의해 전력을 공급받는다. 이 때문에 한 번에 사용할 수 있는 전력량이 한정적이고 LPDDR 활용이 필수적이다. 즉 PC용은 DDR, 모바일용은 LPDDR이라고 보면 된다. DDR, LPDDR 등 다소 어려운 용어가 등장했지만 역할은 D램과 동일하다. 다만 시대의 흐름, 기기의 발전에 따라 함께 발전했을 뿐이다.

앞서 언급했던 것처럼, 우리나라는 D램 시장의 선두를 달리고 있다. 시장조사업체 옴디아에 따르면, 2022년 3분기 글로벌 D램 시장에서 삼성전자는 40.6%, SK하이닉스는 29.9%의 시장을 점유했다.

삼성이 처음부터 D램 시장을 주도한 것은 아니다. 1980년 대만 해도 D램 시장은 도시바, 히타치, NEC등 일본 반도체 기업이 주도하고 있었다. 당시 삼성전자는 한참 뒤처져 있던 상황이었다. 하지만 1983년 반도체 산업에서 일본을 따라잡겠다는 '도쿄 선언'을 하면서, 삼성전자는 선택과 집중을 통해 격차를 따라잡았다.

지금도 삼성전자는 메모리 시장에서 전반에서 선두를 달리고 있다. 2018년 세계최초 8GB LPDDR5 D램을 개발한 데 이어, 2021년 업계 최초 LPDDR5X 개발을 통해 모발일 D램 시장에서 기술 리더십을 공고히 했다. 현재 삼성전자가 출시하는 5G 디바이스에는 LPDDR5가 탑재되고 있는데, 현재 5G가 세계적으로 확산돼 나가면서 LPDDR5 시장도 발전을 거듭할 전망이다.

어디까지 올라가는 거예요

12

"삼성전자가 평택에 8조원 규모의 낸드플래시 생산라인을 증설한다." (2020년 6월)

"SK하이닉스가 인텔의 낸드플래시 사업을 10조원에 산다." (2020년 10월)

　　2020년 삼성전자와 SK하이닉스가 발표한 반도체 사업 확대 소식은 국내외로 큰 관심을 받았다. 동시에 주목받은 것이 투자 대상인 '낸드플래시'다. 도대체 낸드플래시가 무엇이길래, 반도체 선두기업 두 곳에서 비슷한 시기 대규모 투자에 나선 것일까. 메모리 시장에서 휘발성 메모리의 대표주자가 D램이라면, 비휘발성 메모리의 대표주자는 낸드플래시다.

　　D램과 낸드플래시는 반대의 특성을 가진다. D램은 처리 속도가 빠르지만 전원이 꺼지면 데이터가 저장되지 않는다. 낸드플래시는 속도가 느리지만 전원이 꺼져도 데이터를 보존할 수 있다. 두 메모리가 왜 반대의 특성을 가지는지 원리를 살펴보자. D램과 낸드플래시를 가장 작은 단위에서 비교했을 때 D램에 있는 부품은 도체이다. 전기가 잘 통하고 전자의 이동이 수월하다. 그만큼 전자가 빠져나가기도 쉽다. 전자 상태에 따라 데이터가 저장되기 때문에 전자가 쉽게 빠져나갈 수 있는 D램의 내부 구조는 데이터를 빠르게 처리하는데 적합하다. 하지만 그만큼 데이터를 잃는 속도도 빠르게 때문에 전원을 꺼버리

면 D램에 저장된 모든 데이터는 사라지게 된다. 반면 낸드플래시의 부품은 부도체이기 때문에 전기가 잘 통하지 않는다. 전자의 이동은 막혀있지만 그만큼 빠져나가기 힘들다. 전자가 빠져 나가기 힘듦으로 데이터를 저장하는데 적합하다. 데이터를 받아들이는 기능을 '스위칭 기능'이라고 하는데 D램은 낸드플래시에 비해 스위칭 기능이 좋다고 할 수 있다. 낸드플래시는 이와 반대로 저장 속도는 D램에 비해 느리지만 전원공급이 차단되더라도 최소 1년에서 최대 10년까지 데이터를 저장할 수 있다. 따라서 낸드플래시는 USB 드라이브, 디지털 카메라, MP3 등 휴대용 메모리 카드나 SSD(Solid State Drive)에 사용된다.

메모리 시장에서 한국은 높은 시장점유율을 보이고 있는데, 이는 낸드플래시 시장에서도 마찬가지다. 시장조사기관 트렌드포스(TrendForce)의 통계에 따르면, 지난 2022년 3분기 낸드플래시 시장은 삼성전자가 31.4%, 키옥시아가 20.6%, SK하이닉스가 18.5%, 웨스턴디지털이 12.6%를 점유했다.

시장조사기관 IC인사이츠에 따르면 낸드플래시는 2020년 25%의 매출 급증으로 수익성장면에서 1위를 차지했다. 시장이 급격하게 커진 이유는 코로나19 여파로 인한 언택트 서비스가 증가하면서다. 코로나19로 재택근무와 온라인 서비스 사용이 증가하고, 서버와 전자기기의 수요가 급증했다. 서버와 휴대용

전자기기에는 낸드플래시가 탑재되기 때문에 연쇄작용으로 시장 규모가 급격하게 커질 수 있었던 것이다.

하지만 PC 클라이언트 SSD의 수요가 줄어들면서 2022년부터 2025년까지 낸드 플래시 수요의 성장률이 30% 아래로 떨어질 거란 예측이 나왔다. 그러나 엔터프라이즈 SSD는 수요가 계속될 것으로 보고 있다. 데이터센터는 클라우드 상으로 전송되는 모든 데이터를 보관하고 관리하는 역할을 한다. 따라서 수많은 데이터를 뒷받침할 수 있는 대용량 서버가 필요한 가운데, 확장성이 좋은 낸드플래시가 메모리 업계의 주목을 받고 있다.

낸드플래시의 또 다른 특징이 있다. 바로 적층경쟁이 심화되고 있다는 것이다. 삼성전자는 2013년 8월 최초로 3차원 V낸드플래시 양산에 성공했다. V낸드플래시(Vertical NAND Flash)는 vertical이라는 용어에서 알 수 있듯이 평면으로 배열된 구조에서 벗어나, 3차원으로 셀을 쌓아 올린 구조의 낸드플래시를 말한다.

송재혁 삼성전자 메모리사업부 플래시개발실장은 기고문을 통해 "2013년 첫선을 보였던 3차원 V낸드는 당시 수십 년간 당연한 것처럼 여겨졌던 전통적인 2차원 방식에서 완전히 벗어난 패러다임이었다"며 "평평한 대지에 집을 짓고 살았던 사람들이 인구가 늘어나게 되자 아파트를 짓고 살게 된 것과 같은 이치"라고 평가했다. 이후 삼성전자는 2014년 32단, 2015년 48단, 2016년 64단, 2020년 176단 낸드플래시를 잇달아 양산하며 기술적 우위를 유지했다.

SK하이닉스 역시 낸드플래시를 238단까지 쌓았다. 2017년 72단을 시작으로, 2018년엔 96단, 2020년 176단, 2022년 238단을 개발한 것이다. 이 회사는 전 세계에서 가장 높은 '최고층' 낸드를 만드는 이유에 대해 낸드의 크기를 줄여 생산 효율성을 올리기 위해서라고 설명하고 있다.

200단의 벽을 깬 것은 2022년 8월 232단 낸드플래시 양산에 성공한 미국의 마이크론이다. 마이크론은 2021년 세계 최초 176단을 성공시키기도 했다. 업계에선 앞으로 1000단 낸드 시대도 열릴 것으로 전망하고 있다.

스마트폰의 두뇌

흔히 스마트폰을 내 손 안의 PC라고 부른다. 예전에 컴퓨터가 있어야 할 수 있었던 일들이 스마트폰 하나로 가능해졌기 때문이다. 스마트폰은 사진촬영부터 시작하여 영화감상, 인터넷 서핑, 모바일 뱅킹, 쇼핑, 결제까지 해결해주는 고마운 친구이다. 하지만 조금만 떨어져 있어도 우리를 불안하게 만드는 애증의 존재이기도 하다. 놀라운 사실은 우리의 일상 생활을 바꾼 이 스마트폰을 쓰기 시작한지 그리 오래 되지 않았다는 것이다. 아이폰이 2007년, 갤럭시 S가 2010년 출시된 것을 기억하면 이제 십 수 년 밖에 지나지 않았다. 스마트폰에는 어떤 반도체가 들어 있기에 다양한 기능을 수행할 수 있는 걸까.

스마트폰에서 두뇌 역할을 하는 반도체를 AP(Application Processor) 또는 모바일 프로세서라고 한다. 같은 두뇌이지만 컴퓨터와 동일하게 CPU라고 하지 않고 AP라는 별도 이름을 붙인 이유는 AP에는 CPU 외에도 다른 반도체가 더 들어있기 때문이다. AP는 모바일 기기에 필요한 CPU, GPU, NPU, 모뎀 등의 기능을 하나의 칩에 구현해 모바일 기기의 거의 모든 기능을 담당한다. 다양한 기능들을 하나의 칩에 모두 모아 그 자체로 시스템처럼 일하는 것을 System on Chip (SoC)이라고 부르는데, 모바일 프로세서가 가장 고성능 SoC 중 하나이다.

왜 이렇게 많은 기능을 손톱 크기의 칩 하나에 담은 걸까? 5~6개 칩을 따로 만드는 대신 하나의 칩으로 구현하면 여러 칩을 넣는 것보다 비용도 절감되고 스마트폰 설계도 쉬워진다. 또 다른 이유는 모바일 기기의 배터리 사용시간과도 이어진다. 컴퓨터의 경우 사용하는 동안 계속해서 전원이 공급되기 때문에 전력소모는 큰 문제가 아니었지만 스마트폰의 경우는 소비전력은 중요한 이슈이다. 모바일 프로세서의 가장 큰 장점 중 하나는 스마트폰의 전력소모를 줄여준다는 것이다. 칩이 나누어져 있으면 각각의 칩들이 전력을 사용해 전력소모가 커지는데 이를 하나로 합치니 전력소모를 줄여 배터리 사용시간이 길어진다.

게다가 제한된 스마트폰 보드에서 아주 작은 공간만 차지하다 보니, 남은 공간을 마음껏 사용할 여유가 생겼다. 빈 공간의 확대는 고사양 스마트폰을 만들어내는 데 큰 역할을 할 수 있다. 따라서 모바일 프로세서는 제품 경쟁력을 높이는데 아주 중요한 역할을 하는 반도체라고 할 수 있다.

AP 내부를 살펴보면 앞서 말했다시피 컴퓨터의 중앙처리장치와 동일한 역할을 수행하는 CPU가 있다. 운영체제를 실행하고 웹 브라우징 및 멀티 터치 스크린 입력을 실행하며 웹서핑, 게임로딩, 영상편집, 멀티태스킹 등 스마트폰의 핵심 기능을 수행한다. CPU는 웹 브라우저를 이용하고, 터치스크린으로 스마트폰을 제어하는 등 모든 작동에 관여한다. 성능은 클럭,

코어, 공정 수치가 좌우한다. 클럭과 코어 수는 높을수록, 공정 수치는 낮을수록 뛰어나다. 예를 들어, '클럭 2.3GHz, 4(쿼드) 코어, 14나노 공정' CPU보다 '클럭 2.9GHz, 6(헥사) 코어, 5나노 공정' CPU가 더 빠르다. CPU 성능이 우수할수록 다양한 앱을 한 번에 켜놓고 작업해도 속도 저하가 적다.

　코어 수가 적은 CPU라면 창작용 앱 3~4개만 켜 놓아도 속도가 눈에 띄게 줄어든다. 저성능 GPU라면 고성능 게임을 돌릴 수 없고, NPU가 없거나 성능이 낮으면 사진 품질도 떨어진다. 그러니 스마트폰 고를 때 AP를 간과할 수 없다.

〈그림〉 모바일 기기 AP 내부 구성

　모바일 기기의 AP에는 CPU 뿐만 아니라 GPU도 포함되어 있다. GPU의 역할은 그래픽과 영상 데이터들을 처리하여 화면에 표시해주거나 3D게임을 즐길 수 있도록 3D 그래픽을 구현하고, 이를 빠르고 부드럽게 화면에서 변환해준다.

이 외에도 모바일 AP 속에는 비디오 녹화, 카메라 작동, 모바일 게임 실행 등 여러 다른 시스템 구동을 담당하는 많은 종류의 보조 프로세서가 있다. 얼굴이나 목소리, 사물을 인식하고 인공지능 기반 서비스를 가능하게 하는 NPU와 DSP*도 탑재되어 있다. 통신을 위한 모뎀도 들어가 있는데 5G네트워크는 물론 4G, 3G 등 다양한 통신 환경을 폭넓게 지원한다.

내부적으로 칩이 어떻게 구동하는지 자주 사용하는 카메라 앱을 통해 살펴보겠다. 먼저 화면에서 카메라 아이콘을 터치하면 CPU가 카메라 앱을 구동시킨다. 이미지센서를 통해 들어온 정보는 NPU가 해석해서 어떤 사물인지 판단하게 된다. 인물사진모드라면 인물과 배경을 정확하게 구분해서 배경을 흐리게 처리하기도 하고, AR 이모지를 구현한다면 GPU가 귀여운 3D 그래픽을 그려준다. 사진을 찍는다면 피사체와 환경에 맞는 최적의 세팅으로 고품질 이미지를 구현한다. 비디오를 찍는다면 코덱을 통해서 스마트폰 안의 스토리지에 저장하게 된다. 그리고 찍은 사진을 SNS에 올릴 때는 모뎀이 데이터를 송출한다.

---

* DSP (Digital Signal Processor) : 신호를 디지털 연산 방식으로 처리하는 칩이다. 카메라 성능, 영상 콘텐츠 등에 대한 수요가 커지면서, 이미지와 영상과 같은 데이터를 고속으로 연산할 수 있다.

이 모든 과정을 디스플레이로 지켜볼 때도, 모바일 프로세서의 디스플레이 블록이 데이터를 계속 패널로 보내준다. 사진 찍어 SNS에 올리는 그 찰나의 시간 동안 모바일 프로세서 속 다양한 반도체들이 이처럼 빠르고 유기적으로 작동하고 있다.

스마트폰의 경우 프리미엄 · 중급 · 보급형에 따라서 들어가는 AP가 잘 나뉘어져 있다. 덕분에 AP 내 수많은 칩셋을 일일이 따져보지 않아도 대략적인 성능을 가늠해 볼 수 있다. 프리미엄 모델에는 애플 A 바이오닉, 삼성전자 엑시노스 10 시리즈*, 퀄컴 스냅드래곤 8 시리즈가 들어간다. 내가 사려는 스마트폰에 어떤 AP가 들어가고, 이것이 어떤 등급(프리미엄 · 중급 · 보급)에 해당하는지만 알아도 합리적인 소비를 할 수 있다.

---

* 갤럭시 S 시리즈에는 엑시노스와 스냅드래곤을 함께 탑재했으나 갤럭시 S23에는 스냅드래곤만 탑재되었다.

요즘 핫한 주인공

14

컴퓨터 핵심 부품 도난 사건은 자주 일어나는 일이다. 1990년대 중후반에는 학교 전산실, 하숙집 컴퓨터의 램 도난 사건이 많았다. 최근 들어서는 인터넷 카페나 고사양 PC가 설치된 모텔을 노려 컴퓨터를 해체하고 그래픽 카드를 훔치는 수법이 많이 발생한다.

2021년 말, A씨는 두 달에 걸쳐 총 64개, 시가 6,910만 원 상당의 컴퓨터 그래픽 카드를 훔친 혐의로 징역 3년을 선고받은 사건이 있었다. 범행을 저지른 시기는 가상화폐 채굴 열풍이 불어 그래픽 카드 품귀 현상이 일어나던 때였다. 그래픽 카드라면 그래픽을 처리하는 부품일 텐데 이것이 가상화폐와 무슨 연관이 있었던 것일까.

그래픽 카드는 3D카드, 3D가속기, DP(Display Processor), 디스플레이 가속기, VP(Video Processor), 비디오 가속기, 그래픽 프로세서, 그래픽 가속기 등 다양한 이름으로 불렸는데 현재 GPU라는 이름으로 더 많이 불린다. GPU(Graphic Processing Unit)라는 용어는 1994년 플레이스테이션1이 출시될 때 소니가 그래픽 장치의 이름을 SONY GPU(made by toshiba) 라고 소개한 것이 최초라 할 수 있다. 이후 1999년 NVIDIA는 '지포스'(GeForce)를 발표하면서 단순 그래픽 카드 이상으로 CPU의 처리를 담당하는 또 하나의 Processing Unit이라는 점을 강조하고 세계 최초의 진정한 GPU라고 홍보했다. 오늘날의 GPU는 그래픽 카드에 내장되어 컴퓨터 그래픽을 처리하는 프로세서, 시스템 반도체를 지칭한다.

GPU에 대한 대중적인 관심이 쏠리는 분야는 역시 게임이다. GPU가 게임 속 배경과 캐릭터의 뼈대를 세우고 살을 붙이고 옷을 입혀 살아 움직이게 한다. 또한 버퍼링이나 프레임 드랍 없이 게임을 즐길 수 있다. 미리 제작하여 플레이만 하는 애니메이션, 영화와는 달리 게임의 특성상 게임유저의 컨트롤에 따라 실시간으로 그래픽을 그려내는 것이 필수이기 때문에 일반인들도 GPU의 성능을 바로 알아차릴 수 있다.

GPU가 없던 시절에는 CPU에서 그래픽 처리를 담당했다. 컴퓨터의 두뇌인 CPU는 컴퓨터 및 운영 체제에 필요한 명령과 처리를 실행하며 복잡한 계산을 빠르게 실행할 수 있지만 모두 직렬로 처리한다. GPU는 간단한 계산을 빠르게 할 수 있고, 많은 연산을 병렬로 동시에 할 수 있다.

GPU는 병렬로 발생하는 많은 수학적 계산을 필요로 하는 그래픽 처리를 수행하기 위해 특별히 제작되었다. 하지만 게임 외에도 GPU 특성이 유용한 분야가 있으니 바로 수치해석, 통계 및 시뮬레이션 분야이다. 복잡한 연산을 고성능으로 구동하는 것보다 단순한 연산을 많이 반복적으로 구동하는 것이 중요하게 여겨지는 곳이 있는데 과학이 그 중 하나이다. 인공지능 연구 뿐 아니라 암호 화폐 채굴까지 활용되고 그것이 서두에 말한 것처럼 그래픽 카드 도난으로 이어지게 된 것이다.

특정 인물의 얼굴 등을 인공지능 기술을 이용해 특정 영상에 합성하는 것을 의미하는 딥페이크(Deep Fake) 역시 GPU로 인해 주목 받는 분야이다. 정지 영상 뿐 아니라 동영상 합성도 가능한데 GPU가 딥페이크 기술을 좀더 사실적이고 자연스럽게 만드는 데도 결정적인 역할을 하고 있다. 패션쇼가 온라인으로 전환되면 모델이 직접 옷을 갈아입지 않아도, 모델을 대신해 여러 옷을 입고 런웨이를 워킹할 수 있도록 할 수 있다. 2019년 발렌시아가 딥페이크 기술을 활용한 패션쇼를 진행한 바 있다. 딥페이크가 사람이 한 곳에 많이 모일 수 없는 코로나 대유행 상황에서 활용되는 긍정적인 경우도 있으나 포르노 영상에 악용되어 피해를 입는다던지 허위 뉴스를 통한 여론 선동 등의 부정적인 케이스도 많다.

최근 들어 GPU가 다시 화제가 되고 있는데 바로 2022년 12월 1일 공개된 챗GPT(ChatGPT) 때문이다. 인간의 대화를 시뮬레이션하도록 프로그래밍된 소프트웨어인 AI 기반 챗GPT의 사용자 수가 2개월 만에 1억 명을 돌파하며 주목을 받고 있다. 와튼 스쿨 MBA, 의사면허시험, 변호사시험도 무난히 통과하고 아이큐 147 수준의 능력으로 업계를 놀라게 하는데, 이 챗GPT

를 구동하는데 GPU가 꼭 필요하기 때문이다.

옴디아에 따르면 2022년 그래픽 카드 시장 규모는 30억 8,200만 달러(약 3조6,728억 원)에 달하는데 이는 2021년(15억800만 달러)와 비교해 2배 넘게 성장한 크기다. 한 업계 인사는 "특히 2020년 말부터 게이밍 산업이 급성장하면서 고성능 GPU 수요가 급증세를 타고 있다"며 "게임 구현을 위해 스마트TV에도 GPU가 탑재되고 있고 메타버스와 자율주행 플랫폼 등 새 기술의 출현으로 고성능 제품에 대한 수요는 한동안 성장을 지속할 것으로 보인다"라고 말했다.

인공지능 반도체와 만나다

기계나 로봇이 사람 수준의 지능을 가질 수 있을까? 그들이 사람을 이길 수 있을까? 인간과 기계의 대결은 꽤 오랫동안 사람들의 관심사였고, 그 시도는 1980년대까지 거슬러 올라간다. 1989년 세계 체스 챔피언 가리 카스퍼로프와 IBM의 슈퍼컴퓨터 딥쏘트(Deep Thought)의 체스 경기가 있었고 결과는 4전 4패, 인간의 완승이었다. 이후 IBM은 1997년 디퍼블루(Deeper Blue)를 선보였고, 결국 디퍼블루가 승리를 거두었다.

이후 가장 최근의 대결은 바로 최고의 바둑 인공지능 프로그램인 알파고와 최고의 바둑 실력자 이세돌의 대결이었다. 그 결과는 모두가 알다시피 알파고의 승리였다. 알파고의 등장으로 일반인들에게도 인공지능, AI은 익숙한 단어가 되었다. 이 AI와 관련된 반도체가 바로 NPU이다.

NPU(Neural Processing Unit, 신경망처리장치)는 말 그대로 사람의 신경망을 모사해 데이터를 처리하는 프로세서이다. NPU는 KAIST의 유회준 교수가 2014년 전 세계에서 최초로 개발한 용어로, 인공지능 학습과 실행에 최적화되어 있다. 설명은 다소 어렵게 들리지만, 이미 우리 생활에서 흔히 사용되고 있다. 스마트폰에서 유용하게 쓰는 많은 기능들이 인공지능을 기반으로 만들어진 서비스들이다. 사진이나 영상을 찍을 때 배경 안의 피사체를 인식해서 풍경모드, 인물모드로 자동으로 전환되는 것, 촬영된 결과물에서 배경을 바꾸거나 불필요한 사물을 지울 수 있는 것도 모두 NPU 덕분이다. 야간촬영의 경우에는 순식간에 여러 장의 사진을 찍은 뒤 사진을 합성해서 좋은 결과물을 만들어내는 것, 센서로 사용자의 특징을 빠르게 인식하여 스마트폰 해제, 결제 등을 할 수 있는 생체인식 기술도 마찬가지다.

NPU가 없던 과거에는 주로 GPU로 AI 연산을 수행했다. 그래서 1세대 알파고는 CPU와 GPU를 이용했다. 하지만 CPU, GPU를 사용하는 형태로는 연산 효율이 떨어지고 가격도 비싸며 전력 소모 이슈도 있어 전용 프로세서에 대한 요구가 생겨났다. 이제는 AI 연산을 주로 NPU가 담당해 모바일 기기에서도 더 효율적으로 데이터를 처리할 수 있다. 데이터의 병렬 연산 처리에 최적화돼 AI 기반의 애플리케이션이 저전력으로 빠르게 동작하기 때문이다.

NPU가 가장 활발하게 쓰이는 곳은 스마트폰이다. 2010년부터 스마트폰에 각종 인공지능 기능들이 탑재되면서 기존 모바일 AP에 CPU와 GPU만으로는 충분한 성능을 만들어내지 못하게 되었다. 스마트폰은 공간이 한정적이라 스마트폰 제조사들이 모바일 AP에 인공지능 서비스를 위한 별도의 반도체인 NPU를 탑재하는 아이디어를 낸 것이다. 그래서 많은 스마트폰 제조사들이 각자의 제품의 특징에 맞는 NPU를 개발하고 있다.

NPU 기술 개발을 주도하고 있는 회사들 몇 곳을 살펴보면, 가장 선제적으로 나선 회사는 애플이다. 애플은 2017년 '뉴럴 엔진'이라고 불리는 NPU를 개발해 독자 AP시리즈중 하나인 A11 바이오닉(Bionic)에 적용했다. 아이폰 8시리즈와 아이폰X가 NPU가 탑재된 최초의 스마트폰이며 이후 플래그십 모델에는 모두 NPU가 탑재되고 있다.

삼성전자는 2018년에 NPU를 탑재한 AP로 엑시노스(Exynos) 9820을 내놓았고 갤럭시S10시리즈에 적용되었다. 이후 출시된 플래그십 모델에는 모두 이 NPU가 적용된 AP를 탑재하고 있다. 삼성전자는 2030년까지 NPU 연구 인력을 현재 10배 이상인 2000명으로 늘린다는 반도체 비전 2030을 발표한 만큼 NPU에 집중한다고 볼 수 있다.

중국의 화웨이도 애플과 거의 비슷한 시기에 기린970의 NPU를 탑재하고 이를 적용한 메이트10 모델을 내놓았다. 사실 상용화는 애플이 빨랐지만 AP에 NPU를 탑재하겠다고 발표한 것은 화웨이(Huawei)가 최초였다. 화웨이 자회사 Hisilicon 에서도 2018년에 NPU 를 출시했지만, 현재는 미국의 제재로 칩셋 생산이 중단된 상태다.

시작은 스마트폰 제조사들이 했지만 퀄컴과 같은 AP전문 설계업체들도 NPU를 만들고 있다. 모바일 AP 점유율 1위 퀄컴은 자사의 모바일 AP 스냅드래곤에 NPU 대신 소프트웨어 알고리즘인 SNPE(Snapdragon Neural Processing Engine)를 적용했다.

그 외 여러 기업에서 NPU를 개발하고 있다. 알리바바 (Alibaba)의 Ali-NPU, 아마존(Amazon)의 AWS Inferentia, ARM의 ML Processor, 바이두(Baidu)의 Kunlun, 구글(Google)의 TPU, 인텔(Intel)의 NNP, 엔비디아의 NVDLA, 테슬라(Tesla)의 FSD Chip 등이 있으며 마이크로소프트에서도 NPU를 탑재한 미니PC인 '프로젝트 볼테라'(공식명칭 Window Dev Kit 2023)를 2022년 10월 출시했다.

하지만 아직 애플, 삼성 등이 NPU에서는 우위를 점하고 있다. 반도체 설계 역량이나 경험으로 따지면 스마트폰 제조사들이 훨씬 부족할텐데 왜 NPU에 스마트폰 제조사들이 앞서나간다는 평가를 받을까? 제조사들은 스마트폰이라는 수많은 테스트 베드를 가지고 있기 때문이다. 개발한 NPU를 스마트폰이나 서비스를 통해서 바로 실험해볼 수 있고, 인공지능 학습을 위한 수많은 데이터를 모을 수 있다는 장점이 있다. 그래서 칩 설계 경험은 더 많지만 이를 구현할 플랫폼, 즉 디바이스가 없는 인텔, AMD, 엔비디아 등의 전문 반도체 업체들이 쉽게 NPU시장을 장악할 수 없는 이유가 여기에 있다.

골드만삭스, 미국의 IT조사업체인 가트너 등의 예상을 종합하면 2020년 120억 달러 규모인 NPU 시장은 2023년까지

350억 달러로 3배 이상 늘어날 것으로 전망된다. 사실 NPU뿐만 아니라 전체 AI시장의 성장세도 점점 가속화할 것으로 보인다. NPU가 스마트폰 기업들의 필요에 의해 만들어져서 제조사들이 주도를 하고 있듯이, AI반도체 역시 페이스북, 구글, 아마존 등 SNS기업이나 전자상거래 기업들이 필요에 의해 개발하고 있다. 인공지능 연구의 연료인 데이터가 모이는 곳이라면 어떤 기업이든 반도체 개발에 나서고 있다.

앞으로 NPU와 관련된 기술은 어떤 방향으로 발전하게 될까? 개발자들은 스마트폰에서 민감한 개인정보 유출 사고 위험을 최소화하기 위해 서버를 거치지 않고 개인 폰에서 AI 연산을 수행하는 온디바이스(On-device) AI가 확산될 것으로 예상된다고 말한다.

영화를 보며 한 번쯤은 나에게도 '자비스'* 같은 인공지능 비서가 있으면 좋겠다고 생각을 해봤을 것이다. 아직은 갈 길이 멀지만 NPU의 발전이 1인 1 자비스를 가능케 하지 않을까.

---

* 영화 『아이언맨』에 나오는 AI 비서

하드디스크는 이제 옛말

16

2000년대까지만 하더라도 PC의 저장매체로는 하드라는 이름으로 친숙한 HDD(Hard Disk Drive)가 일반적으로 쓰였다. 컴퓨터가 부팅될 때 돌 굴러가는 듯한 '드르륵' 소리가 났는데 바로 하드디스크의 소리였다.

하드디스크는 LP판처럼 자성을 띤 디스크가 고속으로 회전하면서 데이터를 처리하기 때문에 소음이 발생하고 속도도 느리다. 컴퓨터 전원 버튼을 켜면 부팅이 완료될 때까지 대략 1분 정도 소모되어 컴퓨터에서 병목현상이 가장 심한 부품이 HDD라고 할 수준이었다. 뿐만 아니라 전력소모가 높고, 발열을 동반했다. 컴퓨터 수 십대가 설치된 전산실은 겨울에 히터를 틀지 않아도 될 정도로 열이 발생했고 반대로 여름에는 엄청난 열로 인해 에어컨이 반드시 필요했다. 하지만 이제 하드디스크의 자리를 노리는 반도체가 있다. 바로 고속의 보조기억장치인 SSD(Solid State Drive)이다.

SSD는 디지털방식으로 메모리 반도체에 데이터를 저장한다. 모터가 없으니 소음도 발생하지 않고, 소비전력과 발열이 적다. 그리고 하드디스크에 비해 읽고 쓰는 속도가 압도적으로 빠르다. 하드디스크의 단점을 보완한데다가 가볍고 강하다. 2010년 초반 SSD를 처음 접해보는 사용자들은 하드디스크보다 빠른 속도에 놀라며 우스개소리로 SSD를 Shibam Sokdo Dodne(쉬밤 속도 돋네)로 부르기도 했다.

차세대 대용량 저장장치인 SSD는 어떻게 이런 성능을 갖추게 된 것일까? SSD는 하나의 컴퓨팅 시스템으로 볼 수 있다. PC가 CPU, 메모리, 기억장치로 구성돼있는 것처럼 SSD 역시 CPU의 역할을 하는 컨트롤러, 데이터 저장을 위한 낸드플래시, 캐시메모리 역할을 하는 D램으로 구성된다. 특히 넉넉한 저장용량은 물론 빠른 데이터처리가 가능한 것은 낸드플래시와 컨트롤러 덕분이다. SSD안의 낸드플래시가 책을 보관하는 서재라면 사서인 컨트롤러가 책을 정리하는 역할을 한다. 낸드플래시가 데이터 집적접도를 높여 SSD의 용량을 높여주고 컨트롤러가 데이터를 빠르게 읽고, 쓰고, 에러를 수정해서 SSD의 성능을 높이기 때문에 가능한 일이다.

컴퓨터가 구입한 지 몇 년 지나 성능이 예전 같지 않지만 새로운 제품을 사기에 부담스럽다면 SSD를 새로 구매하는 것도 좋은 방법이다. SSD는 일반 HDD보다 10배 이상 빠른 속도를 갖기 때문에, 오래된 컴퓨터에 SSD를 장착하면 거의 새 컴퓨터가 될 만큼 속도가 빨라진다. 요즘 컴퓨터에는 SSD가 기본적으로 탑재되어 있지만, 옛날 컴퓨터는 일반 HDD만 장착되어 있다. 하여, 데스크탑이나 노트북에 SSD를 추가 장착하거나 HDD를 교체하여 컴퓨터를 빨라지게 하는 방법은 매우 가성비가 높은 업그레이드 방법이다. SSD를 구매하기 전에 사용 목적에 따라 읽기/쓰기 속도의 단위를 살펴본다. 만약 윈도우 운영

체제로 SSD를 사용한다면 임의 읽기/쓰기 속도 단위 (IOPS)*를 확인하는 것이 좋다. 윈도우나 안드로이드 같은 OS는 파일이 다양한 곳에 잘게 쪼개져 있어 임의읽기 속도가 중요하다.

반면 영화 같은 대용량 파일 저장이 목적이라면 연속 읽기/쓰기 단위(MB/s)를 살펴봐야 한다. 연속 읽기는 하나의 큰 파일을 연속적으로 불러올 때 필요하기 때문이다. 2022년 8월에 출시된 990 PRO 제품의 경우 임의읽기/쓰기는 각각 최대 1,400K IOPS, 1,550K IOPS이며, 연속읽기/쓰기 성능은 각각 최대 7,450MB/s, 6,900MB/s이다.

SSD 시장은 코로나19 특수로 수혜를 입어 성장세를 지속해왔으나 2023년 전망치는 337억100만 달러로 2021년 수준에도 미치지 못할 조짐이다. 가트너에 따르면 2022년 3분기(7~9월) 전 세계 PC 출하량은 지난해 같은 기간 대비 19.5% 감소한 6800만대로 집계됐다. 4개 분기 연속 전년 대비 하락세다. 가트너는 "PC 시장의 역대급 침체"라며 "관련 조사를 시작한 20년 동안 가장 가파른 하락폭"이라고 설명했다.

---

* IOPS (Input/Output Operations Per Second, IOPS) : 초당 입력, 출력 명령어 처리 수. HDD, SSD 같은 컴퓨터 저장 장치를 벤치마크하는 데 사용되는 성능 측정 단위

드라이어에도 반도체가

2021년 12월, 청소기·선풍기로 유명한 영국 가전기업 다이슨의 헤어스타일링기가 국내에서 품귀 현상을 겪었다. 60만 원에 가까운 고가에도 중고거래 플랫폼에서는 웃돈을 붙여 거래되는 사례까지 눈에 띄었다. 이들 상품은 일부 오픈마켓에서만 웃돈을 10% 이상 붙여 70만~100만 원 수준의 가격에 판매되었다. 당시 해결되지 않는 반도체 공급난과 물류 대란 탓이란 분석이 많았고 영국 『가디언』은 "컴퓨터칩(반도체) 수급난이 다이슨 제품 공급에 영향을 미쳤다"고 보도했다. 바야흐로 헤어스타일링기에도 반도체가 중요한 부품이 되는 시대이다.

다이슨 제품이 출시되기 전까지만 해도 드라이어나 헤어스타일링기는 몇 만원에 살 수 있는 비싸지 않은 가전제품이었다. 하지만 다이슨은 머리 말려주는 시간을 몇 분 줄여주고 머리카락 손상을 줄이면서 스타일링을 쉽게 할 수 있는 기능으로 기존 제품의 10배의 가격을 매겨도 없어서 못 사는 명품이 되었다. 다이슨 최고 엔지니어이자 발명가인 제임스 다이슨은 과도한 열로 인한 모발의 손상 없이도 원하는 스타일링이 가능하게 되었다고 말했는데, 이를 지능적인 열 제어 기술(Intelligent Heat Control)이라고 했다.

다이슨 헤어 케어 제품 내부에는 유리구슬 서미스터(Glass Bid Thermistor, 온도 제어용 반도체)가 있는데 이것이 1초당 수 십 회의 바람의 온도를 측정한다. 그 온도 데이터를 전송하면 마이크로

프로세서(Microprocessor)가 발열체의 온도를 조절한다. 뜨거워지기 시작하면 시스템이 발열체를 식혀 공기 흐름이 배출구의 특정 극한 온도를 초과하지 않는다. 그래서 머리를 말리거나 스타일링하는 동안 모발이 과도한 열에 노출되지 않는 것이다. 2010년 중반에 출시된 제품은 1초 당 20회의 온도를 측정했으나 2022년 하반기에 출시된 제품은 1초 당 100회까지 온도를 측정할 수 있다. (슈퍼소닉 초당 40회, 에어랩 초당 40회)

서미스터(Thermistor)는 다양한 액체 및 주변 공기 환경에서 온도를 측정하는 방법으로 온도와 관련된 모든 분야에서 사용된다. 디지털 온도계 뿐 아니라 자동차와 트럭의 오일 및 냉각수 온도 측정, 전자레인지, 냉장고, 오븐, 전기밥솥 등의 가전제품에 사용되며, 충전식 배터리에서도 올바른 배터리 온도가 유지되는지 확인하기 위한 용도로 사용된다.

서미스터를 처음 발견한 사람은 영국의 물리학자이자 화학자인 패러데이이다. 1833년에 온도가 증가함에 따라 저항이 감소한다는 황화은(Ag_2S)의 특성에 대한 보고서를 발표했는데 이것이 최초로 기록된 서미스터이다. 이후 1930년 새뮤엘 루벤이 최초의 상업용 서미스터를 개발했고, 1940년 초가 되어서야 벨 연구소에서 본격적인 양산공정을 도입하여 상업용 온도센서로서 활발하기 사용되기 시작했다.

다이슨 제품에 탑재된 또 다른 반도체인 마이크로프로세서는 마이크로(Micro)와 프로세서(Processor)가 결합한 용어로, 컴퓨터 중앙처리장치(CPU)의 핵심 기능을 아주 작게 만든 칩이다. 다이슨의 헤어 케어 제품 뿐 아니라 청소기, 조명 등 다른 제품에도 탑재된다. 마이크로프로세서는 헤어 케어 제품에서는 온도 조절, 청소기에서는 흡입력 조절, 조명에서는 지역과 시간대에 맞는 최적의 광량과 색온도를 조절하는 역할을 한다. 마이크로프로세서는 1971년 미국의 반도체 기업인 인텔사가 처음 개발했다.

사실 서미스터나 마이크로프로세서가 다이슨 제품에만 탑재된 것은 아니다. 개발된 지 오래된 반도체이니 만큼 우리가 이미 사용하고 있는 여러 가전제품에 탑재되어 있지만 소비자들은 인식하지 못했다. 다이슨 제품의 인기와 품절 사태 및 반도체 수급 이슈가 뉴스에도 자주 등장하여 반도체의 중요성을 인식하고 체감하게 된 것이다.

마블 시네마틱 유니버스?
차량용 반도체?

18

흔히 자동차를 현대 문명의 상징, 기계 공학의 꽃이라고 한다. 2만 여개의 부품이 조립되어야 차가 완성되고 또 각 부품이 제 기능을 완전하게 해야 자동차가 움직이기 때문이다. 이는 반도체 관점에서 보아도 비슷하다. 부품 개수만큼이나 많은 수의 반도체가 탑재된다. 현재 가솔린, 디젤 등 내연기관 자동차에는 평균 200~300개의 반도체가 탑재되고 있고, 향후 전기차에는 1,000개, 자율주행차에는 2,000개 이상이 탑재될 전망이다. UBS에 따르면 일반 차량은 평균 400달러, 전기차는 1,000달러, 테슬라 모델3 전기차에는 1,697달러의 반도체 부품이 들어간다고 한다. 전기차 및 자율주행차 개발, 엔진 배출가스 규제 강화로 센서 수요가 증가해 차량용 반도체 시장이 확대되고 있다. 인포테인먼트, ADAS* 등에서 수요가 급증할 것이다.

차량용 반도체는 정보 저장 용도로 사용되는 메모리 반도체와 달리, 정보를 처리하기 위한 연산, 추론 등의 목적으로 제작된 시스템 반도체이다. 즉 차량용 반도체는 자동차가 스스로 운전하거나 전기로 움직일 수 있도록 각종 시스템을 제어하는 반도체이다. 자동차 내·외부의 온도, 압력, 속도 등의 각종 정보를 측정하는 센서와 엔진, 트랜스미션 및 전자제어장치, 각

---

* ADAS (Advanced Driver Assistance Systems) : 운전 중 발생할 수 있는 수많은 상황 가운데 일부를 차량 스스로 인지하고 상황을 판단, 기계장치를 제어하는 기술

종 장치들을 움직이는 모터 등의 구동장치 등에 사용된다.

차량에 탑재되는 반도체로는 AP, NPU, 이미지센서, PMIC, 메모리 등 여러 가지가 있지만 주요 기능별 비중으로 30%를 차지하는 것이 MCU이다. MCU는 Micro Controller Unit의 약자로, 반도체형으로 된 소형 콘트롤 유닛을 지칭한다. MCU를 차량용 반도체라고 하지만 사실 MCU의 시작은 최초의 계산기에 탑재되었고 MCU를 탑재한 전자제품의 종류는 무궁무진하다. 한마디로 전자제품에서 우리가 익숙하게 사용하는 대부분의 기능이 MCU로 구현된다고 해도 과언이 아니다. 타이머 기능, 각종 기기의 시간 표시, 버튼을 눌렀을 때 기능 수행 등을 포함한다. 예약 기능을 갖춘 세탁기가 한 시간 안에 세탁을 시작되도록 설정하려면 세탁기의 MCU가 이런 일을 수행할 수 있도록 프로그래밍을 해 넣어야 한다.

MCU는 자동차가 단순 운송수단을 넘어 움직이는 전자기기, 움직이는 컴퓨터가 되면서 가장 중요해진 차량 내부 반도체 시스템이다. MCU는 차량 내부의 전자기기, 전자 부품 시스템 전반을 제어하는 반도체로 냉난방, 차량 온도 조절, 배터리 관리, 내비게이션과 같은 차량 서비스를 관리한다. MCU는 컴퓨터의 CPU와 동일한 기능을 하지만 CPU에 비해 따로 OS가 필요 없고 연산속도가 느린 반도체이다. 앞서 컴퓨터의 두뇌는

CPU, 스마트폰의 두뇌는 모바일 프로세서라고 했는데, 차량에서는 이 MCU가 두뇌 역할을 한다. 컴퓨터의 CPU와 동일한 기능을 하지만 많은 연산을 하는 CPU를 굳이 자동차에 쓸 필요가 없기 때문에 MCU를 사용한다.

단순한 기능을 반복적으로 수행하는 가전제품이라면 몇 개의 MCU만 탑재해도 되겠지만 자동차는 그렇지 않다. 안전이 보장되어야 하며 단순한 이동수단을 벗어나 통신, 엔터테인먼트 기능을 포함하며 향후 자율주행의 기능도 있어야 하므로 훨씬 더 복잡하고 정교하다. 『National Law Review』에 따르면 한 대의 럭셔리 SUV를 생산하기 위해 7개 업체의 38개의 MCU가 필요하다고 한다. 한마디로 자동차에 탑재된 수십 개의 MCU는 여러 명의 슈퍼히어로가 등장하는 MCU*(Marble Cinematic Universe, 마블 시네마틱 유니버스) 와 비슷하다.

차량용 반도체는 자동차의 센서, 엔진, 제어장치 및 구동장치 등의 핵심 부품에 사용되며, 사람의 안전과 연계되기 때문에 산업용이나, 컴퓨터나 스마트폰용 반도체보다 높은 수준의 안전성과 내구성이 필요하다.

---

* 마블 코믹스에서 출간된 만화를 원작으로 마블 스튜디오가 제작한 영화 시리즈이자, 마블 영화 속 히어로들이 활동하는 영화적 세계관을 뜻한다.

차량용 반도체는 컴퓨터 등 실내에서 주로 쓰이는 메모리 반도체와 달리 자동차 제조공정에서부터 탑재되기 때문에 영하 40℃에서 영상 70℃의 온도에 견뎌야 하며, 7~8년간 제품을 그대로 유지해야 하는 내구성을 갖춰야 한다. 최근 들어 자동차에 스마트 기능이 적용되면서 복잡도도 높아지고 전력 소모량도 증가하고 있다. 또 각 자동차에 특화되어 있어 설계도가 있어도 타 파운드리에서 대체 생산이 불가능하다. 두뇌 역할을 하는 MCU의 경우 주문에서 인도까지 걸리는 리드타임*이 26주 이상 소요되고, 반도체를 제작하는 것은 가장 복잡한 제조공정의 하나로 단시간 내에 생산을 늘리거나 품목을 변경할 수 없다.

이러한 차량용 반도체가 요구하는 높은 품질기준과 신뢰성은 새로 진입하려는 후발 업체가 품질 면에서 수요업체를 만족시키기 어렵다. 또 장기간의 품질시험 및 인증절차를 거쳐야 되기 때문에 4~5년의 개발기간을 거쳐야 한다. 설사 개발하더라도 신뢰성이 보증되지 않으면 수요자인 자동차 업체들이 채택을 꺼려 상용화가 매우 어려운 기술적 장벽이 존재한다.

차량용 반도체는 대량생산이 가능한 메모리반도체와는 달

---

* 리드타임 (lead time): 발주에서 납품까지 걸리는 기간

리 다품종 소량생산 체제이다. 자동차에 들어가는 반도체 종류가 수십 가지인데, 이 모든 걸 한 업체가 생산할 수 없어 절대적인 강자가 없고, 분야별로 업계 상위권이 모두 다르다.

차량용 반도체 시장은 제조 기술뿐만 아니라 안전성 때문에 브랜드 가치가 매우 중요하다. 그래서 수요자인 완성차업체들은 공급자인 차량용 반도체 기업들과 상호 신뢰관계를 형성하고 있다. 또 차량용 반도체 업체들은 모두 자동차 강국인 미국, 유럽, 일본에 위치해 있어 국가, 지역적으로도 자동차 제조업체들과 계열관계를 맺고 있다. 한번 공급관계를 맺기도 어렵지만, 끊기도 쉽지 않아 신규업체가 새로운 차량용 반도체를 상용화하더라도 수요처를 확보하기가 매우 힘들다. 차량용 반도체 산업은 자동차 업체별, 차종별로 서로 다르게 적용되기 때문에 규모의 경제를 실현하기가 곤란해 후발 주자들이 기존 선도업체를 누르고 시장에 진입하기 힘들다. 이러한 이유로 현대차 등 완성차업체들이 차량용 반도체를 자체 생산하려고 시도했으나 기술력과 시장성 때문에 모두 실패했고, 기존의 차량용 반도체 업체들과 거래관계를 지속하고 있다.

스마트폰 카메라로
인생샷을 건지는 이유

19

'카툭튀'라는 신조어가 있다. '카메라가 툭 튀어나왔다'의 줄임말로 스마트폰의 카메라 렌즈 부분이 다른 곳보다 튀어나온 모습을 일컫는 말이다. 이 카툭튀와 함께 '인덕션 디자인'이라는 말도 생겨났다. 카메라 렌즈 3개를 배열한 스마트폰의 뒷모습이 꼭 주방기기 인덕션과 유사해보이기 때문이다. 휴대폰 전체 디자인에 끼치는 영향이 크기 때문에 새로운 스마트폰이 나올 때마다 카툭튀가 사라지는지 아니면 기존 대비 얼마나 심해지는지 여부가 늘 사람들의 관심거리가 된다.

카툭튀는 왜 더 심해질까? 가장 큰 이유는 더욱 커진 이미지센서 때문이다. 센서 자체가 커지는 것은 문제가 없는데, 커진 센서에 대응되는 렌즈를 사용하다보니 렌즈도 커진 것이다. 렌즈는 볼록하게 또는 오목하게 생겼다. 따라서 면적만 넓어지는 것이 아니라 그 두께도 두꺼워져야하기에 카툭튀는 피할 수 없는 현상이다.

이미지센서는 스마트폰 카메라에 들어가는 핵심 반도체로, 우리가 눈으로 보는 장면을 전기신호로 변환해주는 시스템 반도체이다. 카메라는 사람의 눈과 굉장히 비슷하다. 눈으로 보는 화상이 망막에 맺혀 시신경을 통해 뇌로 가는데, 이때 망막 역할을 하는 게 바로 이미지센서이다.

우리는 스마트폰을 살 때 사진의 화질이 얼마나 좋은지 확

인한다. 불과 몇 년 전만 하더라도 전/후면 카메라 하나에 후면 플래시 하나의 구성이었던 스마트폰 카메라가 이제는 최소 2개 이상, 광각/망원 등 종류별로 여러 개의 카메라가 탑재되는 형태로 진화했다. 최근에 출시된 스마트폰을 살펴보면 카메라가 5개나 탑재되어 있다. 갤럭시 S23울트라를 보면 셀피카메라(12MP, 1200만 화소), 초광각카메라(12MP), 광각카메라(200MP, 2억 화소), 10배 광학줌 망원카메라(10MP, 1000만 화소), 3배 광학줌 망원카메라(10MP)가 있다. 이 화질을 결정하는데 중요한 요소 중 하나가 이미지센서 수, 즉 픽셀의 개수이다.

2억 화소는 이미지센서가 2억 개의 픽셀로 이루어져 있다는 것이다. 픽셀은 디지털 사진이나 디지털 영상을 구성하는 최소 단위이자 빛신호를 전기 신호로 바꿔주는 이미지센서의 구성요소이다.

이미지나 영상이 몇 개의 이루어졌는지 나타내는 게 해상도인데 픽셀수가 많을수록 해상도가 높아지고 이미지가 선명해진다. 백 개의 점으로 구현한 이미지와 천개의 점으로 구현한 이미지, 당연히 더 많은 픽셀 수, 천 개의 점으로 구현한 이미지가 더 선명할 것이다.

하지만 스마트폰에서 초고해상도의 이미지센서를 사용한건 생각보다 쉽지 않다. 스마트폰의 한정된 공간 때문에 센서 크기를 무한정 늘릴 순 없기 때문이다. 따라서 제한된 사이즈의 센서에 초고화소를 구현하기 위해서는 픽셀의 크기가 아주 작아야 한다.

그렇다면 스마트폰 카메라용 이미지센서의 화소 수는 최대 얼마까지 가능해졌을까? 2억 화소의 이미지 센서가 개발되었다. 이미지센서의 끊임없는 혁신 때문에 우리는 이제 스마트폰 하나로 고성능의 DSLR 카메라 부럽지 않은 성능 좋은 폰카를 하나씩 가질 수 있게 되었다. 업계에서는 사람 눈으로 인식할 수 있는 최대 유효 화소 수(5억7600만 화소) 이상의 이미지센서를 개발한다고 한다.

시장조사업체 스타티스타에 따르면 2021년 149억 달러(18조1,180억 원)를 기록한 전 세계 CMOS* 이미지센서 시장은 2022년 173억 달러(21조368억 원)를 거쳐 2023년 196억 달러(23조8,336억 원)로 성장할 전망이다. 지난 2015년 이후 연평균 14% 성장이 기대된다.

이미지센서 시장의 절대 강자는 일본 소니다. 옴디아에 따르면 2022년 3분기 이미지센서 시장에서 소니는 점유율 51.6%

---

* 이미지센서는 CMOS, CCD 두 가지가 있는데 가격경쟁력, 전력소비, 기기 소형화, 속도 등 다양한 면에서 CMOS 이미지 센서가 CCD 센서보다 뛰어나다. CMOS 점유율이 96%를 차지한다.

로 1위를 기록했다. 삼성전자는 점유율 15.6%로 2위에 올랐고, 중국 옴니비전이 3위(9.7%)로 뒤를 이었다. 3개 업체의 합산 점유율은 전체 시장의 77%에 달한다.

이미지센서는 모바일 분야를 넘어 디지털카메라, 노트북, 자동차 등 카메라가 있는 모든 전자 제품에 들어간다. 최근 보안, 로봇, 자율주행, 증강현실(AR), 가상현실(VR) 등 다양한 분야에서 인간의 눈을 대체하는 카메라가 필수로 자리 잡고 있다. 이미지센서 시장도 가파르게 상승하고 있어 앞으로 중요성이 더욱 커질 것으로 예상된다.

전자기기의 에너지 컨트롤 타워

전 세계 반도체와 디스플레이 업계가 공통적으로 두려워하는 것, 우스갯소리로 호환 마마보다 무서운 것이 하나 있다. 바로 일시적으로 전기가 나가는 현상인 정전(Blackout)이다. 여름철 무더위로 전력소모가 폭증하는 시기에 우리는 가끔 정전을 경험한다. 짧게는 몇 분, 길게는 몇 시간 동안 일상의 불편이 있긴 하지만 곧 복구가 되기에 큰 재앙이라고 여겨지는 않는다. 하지만 반도체 업계는 그렇지 않다. 반도체·디스플레이 생산 현장에서 별거 아닌 것 같다고 생각하는 단 0.1초의 정전조차 두려워하는 이유는 무엇일까.

반도체·디스플레이 제조사들에게 정전으로 인한 설비 가동 중지는 막대한 경제적 타격으로도 직결된다. 주가에 영향을 미치기도 해서 분기 실적 발표회 때 정전으로 인한 피해 규모를 언급한다. 대만 글로벌 반도체 제조사 TSMC 역시 2021년 4월 약 6시간 동안 발생한 정전 사태에서 1,000만~2,500만 달러(한화 약 112억~280억 원)의 막대한 피해가 발생한 것으로 알려졌다.

문제는 정전이 한 번 일어났을 경우, 다시 복구까지 걸리는 시간도 매우 길다는 것이다. 반도체·디스플레이 업계 종사자의 설명에 따르면 10초 이내의 짧은 정전이 발생했을 경우 생산 설비 복구 시간까지 약 3~4일, 몇 시간 이상의 장기 정전일 경우엔 생산설비의 재가동까지 최소 한 달에서 세 달 정도의 긴 시간이 소요된다.

반도체에서는 그만큼 정전이 무섭기에 안정적인 전력공급이 중요하다. 이는 단순히 반도체 공장에만 영향을 끼치는 것이 아니라 우리가 사용하는 각종 모바일 기기와 차량에서도 중요하다. 그래서 전자기기의 부속품에 전력을 공급해 주는 반도체가 있다. 바로 '전력관리반도체'(PMIC: Power Management Integrated Circuit)이다. 전자장치 속 부품들은 필요한 전력이 모두 다르기 때문에 PMIC는 각 부품에 알맞게 전력을 변환하고 분배하고 제어하는 역할을 한다. 이를 통해 전력을 안정적이면서도 가장 효율적으로 사용할 수 있도록 한다. 심장이 우리 몸의 각 기관에 혈액을 공급하듯 PMIC 역시 전자기기의 부속품들에 알맞은 전력을 공급해주는 역할을 해 '전자기기의 심장'이라 불린다.

　　PMIC는 스마트폰, 스마트워치, 블루투스 이어폰, 심지어 차량까지 전력이 필요한 기기에는 꼭 필요한 반도체이다. 우리가 자주 사용하는 스마트폰을 예로 들어보겠다. 스마트폰에 배터리는 하나밖에 없고 단일전압을 출력하도록 되어 있다. 그런데 디스플레이 패널, 카메라, 모바일 프로세서 등 그 안에 많은 부품들이 필요로 하는 요구전압은 모두 다르다. 또한 우리는 스마트폰을 사용할 때 한번 충전해서 최대한 오래 사용하고 싶어 한다. 이 요구를 모두 만족할 수 있게 해준 것이 바로 PMIC 전력관리반도체이다.

밝은 곳에 가면 화면이 밝아지고, 어두운 곳에 가면 화면이 어두워지는 기능, 또 블루투스 이어폰의 배터리 잔량을 스마트폰으로 확인할 수 있는 기능도 모두 전력관리반도체 없이는 불가능한 일이다. 보통 전자장치 속 부품들은 필요한 전력이 다 제각각이다. 이 때 PMIC는 전력을 변환해 다양한 부속품에게 분배한다. 이러한 부분에서 심장과 아주 비슷하다. 우리가 달리는 중이라면 다리 근육에 더 많은 혈액을 보내고 공부를 하고 있다면 뇌에 더 많은 피를 보내는 것처럼 PMIC 역시 각 부속품들에 알맞게 필요한 전력을 변환하고, 배분하고, 제어하는 것이다. 그리고 이 과정에서 에너지 손실을 얼마나 줄일 수 있는지, 에너지 효율을 얼마나 높일 수 있는지가 전력관리반도체에 의해 좌우된다. 이는 곧바로 배터리 수명과도 연결되며 제한된 배터리를 보다 효율적으로 관리해서 배터리 사용시간을 늘려주고 상황마다 최상의 성능을 발휘할 수 있도록 동작한다.

그렇다면 우리가 사용하는 스마트폰에는 몇 개의 PMIC가 필요할까? 초창기 저사양 스마트폰에는 4~5개, 요즘 나오는 고성능 폰에는 대략 10개 정도의 PMIC가 탑재된다. 5G 스마트폰은 4G 스마트폰 대비 전력관리반도체가 2~3배 더 필요하다. 차량에는 더 많은 PMIC가 들어간다. 하나의 기기 안에 탑재된 여러 개의 PMIC는 서로 다른 기능을 지원한다. 모바일 프로세서의 전력관리를 하는 PMIC도 있고, 디스플레이의 전력을 관리하는 PMIC, 이미지 센서용 PMIC도 있다. 메모리의 전력을 관리하는 PMIC도 있다.

전력관리반도체는 전력반도체* 중에서도 가장 큰 비중인 21%를 차지할 정도로 핵심적인 반도체이다. 앞으로 전력관리반도체의 수요는 점점 더 증가할 것이다. 사물인터넷(IoT)이 일상에 스며들수록 전력관리반도체의 수요는 늘어날 것이고, 자율주행이나 전기차에도 전력관리반도체는 필수이기 때문이다.

PMIC는 새로운 소비자 가전의 개발과 산업용·전장용 활용도 증가에 힘입어 수요가 늘어나고 있다. 옴디아에 따르면 2021년 54억 달러(약 7조 원)였던 전 세계 PMIC 시장 규모는 연평균 6.6% 성장해 2024년에는 69억 달러(8조9,000억 원)까지 커질 것으로 전망된다. 정부도 2021년 디지털 뉴딜 그린 정책의 주요 분야로 PMIC를 선정했다.

---

* 전력반도체: 전자기기에 들어오는 전력을 변환, 저장, 분배 및 제어하는 핵심부품으로 주로 컴퓨터, 전자제품, 자동차 등의 인버터나 컨버터 등에 사용된다.

똑같은 폰인데 메모리가 다르다고?

스마트폰을 구매할 때 사용자들은 어떤 기능을 중요하게 생각할까? 사진과 영상, SNS를 많이 사용하는 이들에게는 카메라 기능일수도 있고 실내가 아닌 외부에서 시간을 많이 보내는 사람들에게는 배터리일수도 있다. 또 요즘 스마트폰의 기능이 상향평준화되어있으니 최신 기능보다 메모리만 넉넉하면 된다는 사람도 있다. 기능 선택은 사람에 따라 다르지만 빠른 처리 속도와 대용량은 누구나 공감하는 부분일 것이다. 더욱 많아지는 스마트폰의 기능과 점점 높아지는 콘텐츠의 품질 때문에 빠르게 처리하면서도 저장용량은 커야하기 때문이다.

스마트폰의 사양을 확인하다보면 동일한 모델이지만 32GB/64GB/128GB/256GB/512GB 등 모델에 따라 다른 저장용량을 볼 수 있다. 메모리의 숫자가 클수록 당연히 가격도 높다. 그렇데 같은 크기의 용량이라도 규격이 다르다. 내장 메모리(낸드 플래시)는 크기 외에도eMMC와 UFS라는 규격으로 나뉘어 있다.

eMMC(embedded Multi Media Card)는 데이터를 고속으로 처리하기 위한 메모리 반도체로 한 번에 한 방향으로만 데이터가 전송되며 동시에 읽고 쓰는 것은 불가능하다. 진행 중인 작업이 마무리 되어야 다음 작업을 할 수 있다. 하지만 전력 소모량이 적고 SSD에 비해 가격이 저렴해 태블릿 PC나 저가형 노트북 등 다양한 기기에서 사용된다. 스마트폰에서는 보급형 모델과 일부 플래그십 모델에서 사용되고 있다.

UFS(Universal Flash Storage, 차세대 초고속 플래시 메모리)는 eMMC의 후계 규격으로 2010년대에 등장했으며, 스마트폰에서는 상위 모델에서 사용되고 있다. UFS는 데이터를 읽고 쓰는 통로가 각각 있어 동시에 읽고 쓰는 것이 가능하다. 또한 저전력이다.

eMMC와 UFS를 비교해보면 데이터 전송 방식의 차이가 있다. UFS는 동시에 읽고 쓰기가 가능한 반면, eMMC는 한 번에 읽기 또는 쓰기의 한 작업만 할 수 있어 동시에 두 가지 작업이 불가능하다. 그로 인해 속도의 차이가 크다.

과거 해외 스마트폰 제조사에서 UFS로 표기한 후 실제 판매제품에는 서로 다른 메모리 3종류를 사용해 많은 논란을 가져온 바 있다. 2017년 화웨이 P10에는 eMMC 5.1 / UFS 2.0 / UFS 2.1 규격의 메모리가 혼용되어 사용되고 있었다. 고객들은 스마트폰을 사용을 하면서 속도에서 차이가 확연히 다름을 느꼈고, 이는 스마트폰 전체 성능에까지 영향을 미치는 심각한 것이었다. 그러나 더 큰 문제는 화웨이의 대응 태도였다. 화웨이 엔지니어들은 이에 대해 서로 다른 메모리를 사용했더라도 튜닝을 했기 때문에 성능차이가 없다는 답변을 내놓은 것이다. 이에 화가 난 사용자들은 벤치마크를 통해 상당히 많은 차이가 있음을 증명했는데, 논란이 커지자 해외 안드로이드 기기 커뮤

니티 사이트인 androidauthority.com에서 테스트한 결과를 내보이기도 했다. 결국 P10의 스펙과 다른 제품을 판매한 것이 드러났다. 이에 화웨이는 같은 금액으로 구입했음에도 메모리는 뽑기 운이라는 질타를 받았고, 이후 스펙에서 USF 2.1을 삭제했다.

요즘처럼 대용량 데이터와 많은 앱을 사용하는 경우 메모리에 따른 성능 차이가 크게 느껴질 수밖에 없음에도 사실을 감춘 채 판매를 강행, 일이 커지자 사후 조치 없는 변명만 늘어놓아 많은 소비자들이 실망감을 느꼈다.

eMMC냐 UFS냐 스펙을 따지는 것은 플래그십 제품보다 보급형 스마트폰에서 자주 일어난다. 2022년 3월, 애플의 아이폰 SE 3세대와 삼성전자의 보급형 스마트폰인 갤럭시 A23이 출시되었다. 시장의 평가에서 갤럭시 A23의 아쉬운 점을 스토리지 메모리 규격이 eMMC 5.1라는 점을 꼽았다. 최근 출시되는 스마트폰은 eMMC 5.1보다 빠른 속도를 가지고 있는 UFS 2.1이나 UFS 3.1를 쓰는 경우가 많기 때문이다. 스마트폰의 성능 평가나 스펙을 비교하는 사이트에서도 보급형 모델을 선택할 때에 메모리 규격을 살펴보라는 조언을 한다.

지구 온난화를 늦추기 위해

가정마다 물 먹는 하마, 냄새 먹는 하마가 있듯 전기 먹는 하마도 있다. 에어컨, 전기밥솥이 그것이다. 하지만 주범은 따로 있으니 바로 데이터 센터이다. 데이터 센터가 전기 먹는 하마라는 오명을 가진 이유는 데이터를 처리하고 보관하는 서버용 PC를 가동하고 PC에서 나오는 열을 식히는 데는 막대한 에너지가 필요하기 때문이다. 데이터센터가 처리해야 하는 정보량은 매년 급격히 증가하고 있다. 코로나19와 5G 시대인 현재, 조만간 현실화될 인공지능, 메타버스, 자율주행 등에서 천문학적으로 발생하는 데이터를 처리하는 데 어마어마한 전력량이 필요하다. 그린피스는 보고서를 통해 "전 세계 온실가스 배출의 약 72%가 에너지 분야에서 발생"한다고 밝히며 지구 온난화의 가장 큰 주범으로 전력을 꼽았다.

유럽의 에너지 컨설팅 업체 에너데이터(Enerdata)에 따르면 전 세계 연간 전력소비량은 2020년 기준 약 2만3,177TWh이며 이 중 ICT*산업이 소모하는 전력비중은 약 10%다. 세계 데이터센터의 전력소비량은 200~250TWh이며 데이터전송에 사용된 전력소비량은 260~340TWh 수준이다. 즉 전 세계 전력소비량의 약 2.3%에 해당된다(국제에너지기구 IEA, 2021년 11월). 세계 15

---

* ICT(Information and Communications Technologies) : 정보와 통신 기술의 총칭

위 전력소비국인 인도네시아(266TWh)보다 더 많은 전력을 소비한다. 코로나19로 인해 비대면 산업이 성장하고 기업들의 디지털 전환이 가속화되면서 데이터센터 건설이 급증했다. 미국 상위 20개 기업이 보유한 초대형 데이터센터(최소 10만 대 이상의 서버를 보유한 데이터센터)의 수는 2020년 기준 597개, 5년 전에 비해 두 배 이상 늘어난 수치이다.

해외에서는 데이터센터 운영 효율을 높이기 위해 적극적인 횡보를 보이고 있다. 특히 바다속에 데이터 센터를 설립하는 방안을 추진 중인데 마이크로소프트(MS)는 6년간 진행해 온 해저 데이터센터 실증 작업을 2020년 7월 마무리했다. 2014년 사내 행사에서 나온 '해저 데이터센터' 개념을 발전시킨 '프로젝트 나틱'(Project Natick)을 진행해 왔으며 분석 결과 지상 데이터 센터 서버에 비해 1/8에 불과한 고장률을 보였다. MS 뿐만 아니라 싱가포르 국영 기업과 미국·호주 기업들이 해상 데이터센터 구축을 위한 연구에 나섰다.

좀 더 현실적으로 시도해 볼 수 있는 방법도 연구되고 있다. 바로 기존 데이터센터의 장치를 교체하는 것이다. 현재 데이터센터에서 데이터를 보관하는 장치로 사용되는 것은 HDD와 SSD이다. SSD는 HDD에 비해 성능이 뛰어나면서 소비 전력은 절반 수준인 장점이 있다. 전 세계 데이터센터의 HDD를

SSD로 교체하고 서버용 DRAM도 DDR5로 교체하면 어떤 변화가 일어나는지 삼성전자는 자사 뉴스룸을 통해 저전력 메모리반도체의 에너지 절감 효과를 구체적인 수치로 공개했다. 연간 총 7TWh(테라와트시) 전력량을 절약할 수 있다. 7TWh는 뉴욕시에 거주하는 전체 가구가 4개월 동안 사용할 수 있는 전력량이다. 2020년 출하된 전 세계 서버용 HDD를 최신 SSD로 모두 교체하면 전력량 3TWh가 절감된다. 전 세계 데이터 센터에 모든 서버용 DRAM도 DDR5로 교체하면 1TWh가 절감된다. 또한 데이터 센터 발열을 식히기 위한 전력 소모도 줄어들어 추가로 연간 3TWh 전력량을 절약 할 수 있다.

ESG(환경·사회·지배구조) 열풍이 메모리반도체 수요의 버팀목 역할을 할 것이란 전망이 나오고 있다. 초대형 데이터센터를 운영하는 글로벌 빅테크들이 ESG 경영을 위해 저전력 반도체를 꾸준히 구매할 것이라는 시나리오다.

삼성전자, SK하이닉스 등 메모리반도체업체의 중장기 시장 전망도 이와 비슷하다. 일시적 부침은 있겠지만, 데이터센터용 D램과 낸드플래시 수요는 계속 늘어날 것으로 보고 있다. 저전력 제품으로 데이터센터를 업그레이드하려는 움직임이 이어질 가능성이 높다는 얘기다.

반도체 제조사들은 반도체 기술력을 앞세워 고객사에 ESG

도우미 이미지를 굳건히 하겠다는 전략이다. 삼성전자는 CES 2022에서 데이터 처리 속도를 2배가량 개선한 차세대 서버용 SSD를 소개했다. 이 제품은 탄소저감 효과가 상당하여 전력효율이 이전 모델 대비 약 30% 향상된 것으로 CES 2022에서 혁신상을 받았다. SK하이닉스는 고성능 데이터센터에 들어가는 HBM3 D램에 기대를 걸고 있다. 기존 D램 패키지보다 전력 소모량이 절반 정도 줄어든다. 회사 측은 AI 등 데이터 연산이 많이 필요한 서버에 적합한 제품으로 시장 수요가 빠르게 늘고 있다고 설명했다.

업계 관계자는 "빅테크들은 가격이 조금 비싸더라도 전력 소모량이 낮은 반도체를 구매할 것"이라며 "저전력이 반도체 구매 기준이 되면서 경쟁력을 가늠하는 척도로 자리 잡을 것"이라고 분석했다.

PART

III

반도체 업계 주요 플레이어 알기

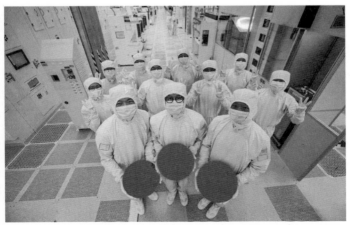

삼성전자는 2022년 6월 세계 최초로 GAA(Gate All Around) 기술을 적용한 3나노(nm, 나노미터) 파운드리 공정 기반의 양산을 시작했다. 사진은 3나노 파운드리 양산에 참여한 주역들이 손가락으로 3을 가리키며 축하하고 있다. _삼성전자 뉴스룸(news.samsung.com)

수원갈비집의 무모한 도전, 신화가 되다

어느 회사나 창업주 또는 선대 회장의 신화와 같은 스토리가 있다. 모 그룹 직원이 아니더라도 거북선이 그려진 500원짜리 지폐를 보이면서 한국이 철선을 만들 기술이 있음을 주장해 차관을 얻었다는 일화는 많은 사람들이 알고 있을 것이다. 삼성을 언급할 때 반도체 신화를 빼놓을 수 없다. 가전용 반도체만 만들어온 삼성전자가 1983년 2월 '도쿄 선언'인 초고밀도집적회로(VLSI)에 대규모 투자를 한다고 결정했을 때 경쟁사들의 웃음거리가 됐다. 인텔 경영진은 이병철 창업회장을 "과대망상증 환자"라고 비웃을 정도였다.

하지만 1983년 우리나라 최초로 64Kb D램 개발에 성공한 후 1992년 업계 최초 64Mb D램 개발, 1994년 업계 최초 256Mb D램 개발에 성공하며 메모리 반도체 시장을 주도하게 된다. 또한 1993년부터 반도체 메모리 분야에서 세계 시장점유율 1위에 올라섰고, 30년 연속 1위를 수성하고 있다.(2023년 기준)

삼성전자는 종합 반도체 회사 IDM으로서 사업 영역은 반도체 설계와 생산을 모두 아우르는 비즈니스 모델을 갖고 있다. 사업 영역은 크게 메모리, 파운드리, 시스템LSI(시스템 반도체) 3가지인데 이 중에서 삼성전자가 가장 두각을 나타내는 부분은 메모리이다. 삼성의 메모리 반도체는 D램 시장에서 전 세계의 43%, 낸드플래시 시장에서도 점유율 33.3%로 모두 세계 1위 자리를 지키고 있다.

삼성의 반도체 사업영역은 메모리 반도체에 치중되어 있다. 반도체 전체 매출에서 2019년 1분기 20.7%에 불과했던 시스템 반도체의 비중은 2022년 28.3%까지 올랐으나 아직 30%를 넘지 못한다. 이런 구조는 메모리 반도체 산업의 경우 기업이 경기를 예측해 반도체를 생산한 후 판매하는 방식으로 운영돼 예기치 못한 경기 불황 등에 직격탄을 맞는다는 문제를 안고 있다.

비메모리 제품별 매출 비중을 살펴보면 파운드리의 비중이 가장 크고 AP, 이미지센서 순이다. 파운드리는 기존에 사업팀으로 존재했으나, 2017년 5월 독자적인 사업부로 분리 및 승격되어, 사업규모를 본격적으로 불리기 시작하여 빠르게 사업주도권을 키우고 있다. 파운드리 분야에서 2위이지만 시장점유율 50% 이상을 차지하는 1위 기업 TSMC와 비교하면 1/3에 못 미치는 수준이다. 이에 삼성전자는 2030년에는 파운드리 세계 1위를 목표로 공정 연구개발, 생산라인 건설 등 적극적인 투자를 펼치고 있다. 미래 수요를 대비하고 생산력을 선제적으로 확보하기 위해 2027년까지 생산 능력을 현재의 3배로 늘릴 계획이다. 클린룸 건설은 미리 하고, 설비는 필요할 때 투입한다는 계획이다.

시스템LSI 사업부는 삼성전자의 팹리스로서 아키텍처 디
자인부터 소프트웨어 개발, 품질 검증을 담당한다. 주요 제품
은 모바일 기기와 오토모티브에서 두뇌 역할을 하는 엑시노스
(Exynos) 프로세서, 아이소셀(ISOCELL) 이미지 센서가 있다.

엑시노스는 삼성전자에서 설계한 프로세서 브랜드이다.
ARM Holdings와 AMD에서 개발한 마이크로아키텍처의 라이
센스를 구매하여 설계했다. 시장조사기관 카운터포인트리서치
에 따르면 2022년 3분기 전 세계 AP 시장에서 삼성전자 점유
율은 7%로 대만 미디어텍(35%), 미국 퀄컴(31%)·애플(16%), 중국
유니SOC(11%)에 이은 5위를 기록했다. 그간 삼성전자는 갤럭시
S 시리즈에 자사 엑시노스와 퀄컴의 스냅드래곤을 병행해 탑재
해 왔다. 그러나 2023년 출시된 갤럭시 S23 시리즈에는 퀄컴
의 스냅드래곤만 채택됐다. 전작인 '갤럭시 S22' 시리즈에서 불
거진 발열 문제를 해결하기 위해 삼성전자가 엑시노스를 제외
하는 용단을 내렸다는 게 업계의 중론이다. 2024년 출시 예정
인 갤럭시 스마트폰을 겨냥해 신형 AP를 준비하고 있다. 옴디
아에 따르면 삼성전자는 2022년 2분기 엑시노스를 2천280만
대 출하했다. 이는 1분기보다 53.9% 증가한 수치로, 삼성전자
는 중·저가 스마트폰 시장을 공략했다고 밝혔다. 삼성전자는
스마트폰에 쏠린 AP 사업 구조를 개선하고자 웨어러블 기기,

노트북용 모뎀, 와이파이 제품으로 응용처를 넓히고 있다. 차량용 반도체 브랜드인 엑시노스 오토를 2021년 11월 런칭하고 5G 기반 차량 통신 서비스를 제공하는 통신 칩 '엑시노스 오토 T5123', 인공지능 연산 기능을 제공하는 인포테인먼트(IVI)용 프로세서 '엑시노스 오토 V7', 차량용 인포테인먼트 프로세서에 공급되는 전력을 조절해주는 전력관리칩(PMIC) 'S2VPS01'을 개발했다. LG전자 VS본부에서 제작한 폭스바겐 ICAS 3.1 인포테인먼트 시스템에 탑재돼 2022년 9월 출시되었다.

아이소셀은 삼성이 개발한 것으로 센서 픽셀 간 간섭현상을 최소화해 작은 픽셀로 고품질의 이미지를 구현하는 기술인데 이를 브랜드화한 것이다. 시장조사기관 스트래티지 애널리틱스(SA)에 따르면 2022년 상반기 이미지센서 시장점유율은 소니가 44%로 1위, 삼성전자가 30%로 2위로 추격하고 있다.

일각에선 메모리 반도체 중심의 포트폴리오가 한계를 드러낸 만큼, 파운드리 역량 강화에 속도를 내야 한다는 전문가들의 조언이 제기되고 있다. 증권업계에서는 파운드리 성장을 위해선 전문 인력의 고용과 시설 투자, 관련 기업의 인수합병(M&A) 등이 요구되며 중장기적 안목에서 파운드리 강화에 속도를 내기 위해 적극적인 투자가 필요하다는 의견이다.

이천 쌀집의 문전성시

24

SK하이닉스는 SK그룹 계열 종합 반도체 제조회사(IDM)이다. 본사가 경기도 이천시에 위치해 있어 이천 쌀집이라는 별명이 있다. 반도체를 만드는 기업 중에서 2022년 매출액 기준 1위의 삼성전자, 2위의 인텔을 뒤이어 세계 3위이다. 또 반도체 중 메모리를 전문으로 하는 회사끼리 비교했을 때는 삼성전자의 뒤를 잇는 세계 2위이다.

SK하이닉스의 전신인 하이닉스반도체는 1949년 세워진 국도건설(주)을 모태로 한다. 현대그룹은 1983년 반도체산업에 진출하면서 국도건설의 상호를 현대전자산업(주)으로 바꿨다. 1985년 256Kb D램을 개발, 생산하면서 반도체 기업으로 전환했다. 이후 (주)하이닉스반도체를 거쳐, 2012년 SK그룹에 편입되면서 지금의 SK하이닉스(주)로 상호를 변경했다. 현재는 SK그룹의 3대 축 중 하나로 성장했다. 반도체 업계의 호황기와 경쟁자의 해체, 집중적 투자로 인한 경쟁력 강화와 점유율 상승 등의 효과로 SK그룹 계열사 중 가장 높은 매출액과 영업이익, 시가총액을 유지하고 있다.

SK하이닉스는 D램의 강자이다. 2022년 3분기 기준 전 세계 D램 시장 점유율 29.9%를 차지했다. 지금까지 D램은 모바일용 수요가 대부분으로 스마트폰이 출시될 때 일시적으로 수요가 높아지는 계절 수요의 특징을 가지고 있었다. 하지만 최근

IT회사들이 서버를 증축하면서 서버용 D램이 계절에 관계없는 스테디셀러로 자리 잡게 되었다.

2018년에 72단 3D 낸드플래시를 적용한 4TB* 기업용 SSD를 출시하며 SSD 시장에 진출했다. 기업용 SSD 시장은 아마존, 구글과 같은 글로벌 IT회사들이 데이터센터 확장에 나서면서 급격하게 성장하고 있을 뿐더러, 고부가가치 제품으로 수익성도 높다. 하지만 진입장벽이 높아 선발주자만 실적을 올리고 있는 상황이었다. SK하이닉스는 2012년부터 컨트롤러 업체들을 인수하며 기술개발에 힘써온 결과, 2018년 상반기부터 기업용 SSD를 생산할 수 있게 되었다.

2018년 5월에는 SK하이닉스-베인캐피털 컨소시엄, 일본의 도시바, 일본 장비업체 호야 등이 참여한 한·미·일 연합이 도시바(東芝)의 반도체 자회사 '도시바 메모리'를 인수하고, 2020년 10월 당시 환율로 10조3,000억 원 가량을 주고 인텔의 낸드플래시사업부를 인수했다. SK하이닉스는 그 동안 단품 낸드플래시를 주로 제조했지만 낸드 시장에서 SSD가 각광받자 인텔 낸드사업부를 전격 인수하고 SSD 사업을 운영할 미국 신설자회사 솔리다임을 출범했다. 2022년부터 솔리다임 실적이 본격 반영되며 그간 D램에 의존했던 SK하이닉스의 포트

---

* TB (Tera Bite, 테라바이트) : 컴퓨터 저장용량 단위로 1 TB = 1,024GB이다

폴리오가 강화될 것으로 기대를 받았다. 하지만 낸드 업황 추락 및 경영진의 역량 부족으로 솔리다임 적자폭이 확대되고 있다. 2022년 누적 순손실이 8,717억 원에 달한다. 다만, 반도체 업계에서는 솔리다임과 기술적인 측면에서 시너지가 나기까지 적잖은 시간이 걸릴 것으로 보고 있다. 100% 자회사 편입에 따른 산술적인 점유율 상승이 아니라, 기술적인 측면에서 실질적인 통합과 조정이 이뤄지기까지는 풀어야 할 과제가 남아 있기 때문이다.

SK하이닉스의 사업포트폴리오는 D램과 낸드플래시에 집중되어있다. 비메모리 사업 비중이 전체 매출의 5% 가량, 반대로 말하면 메모리가 전체 매출의 90%를 차지하는 전형적인 메모리 반도체 기업이다. D램 가격이 상승하며 D램 시장이 호조를 보일 때는 기회로 작용하지만, 반대의 경우 실적이 하락할 수 있다는 위험을 지니고 있다.

2007년 비메모리 반도체인 이미지센서 부문에 재진출하며 사업다각화를 꾀했지만 후발 주자로서시장에서의 존재감은 미미하다. 소니, 삼성 대비 한 자리 수 점유율에 불과하지만 SK하이닉스는 고화소 이미지 센서 제품 개발을 통한 시장 확대를 지속 추진해왔다. 2021년 삼성 폴더블폰 갤럭시Z폴드3 시리즈에 1300만 화소 이미지센서 공급, 2022년 삼성 갤럭시A 시리즈에

5000만 화소 이미지센서를 공급하는 데에도 성공했다. 최근에는 1억 화소 이미지센서를 공개하기도 했다.

또한 SK하이닉스가 AI 연산 기능을 결합한 차세대 이미지센서 개발에 나선다. 이 이미지센서는 얼굴 인식 등을 자체적으로 수행해 기존 시스템 대비 전력효율성, 성능 등을 높인 것이 특징이다. 이미지센서 시장에서 고화소 경쟁이 한계에 다다르고 있는 만큼, 새로운 접근법을 통해 시장 경쟁력을 강화하려는 전략으로 풀이된다.

SK하이닉스는 2022년 8월 국내 반도체 파운드리(위탁 생산) 업체인 키파운드리 인수를 완료했다고 밝혔다. SK하이닉스에 따르면 회사는 2021년 10월 매그너스반도체 유한회사와 키파운드리 지분 100%를 5,758억 원에 매입하는 계약을 체결하고 인수 절차를 진행했다. 키파운드리와 SK하이닉스가 100% 출자해 설립한 자회사 SK하이닉스시스템아이씨를 통해 파운드리 매출 비중을 넓혀갈 것으로 관측된다.

금융정보업체 에프앤가이드에 따르면 SK하이닉스는 2022년 1분기에 매출 12조 원을 돌파하며 반도체산업 최대 호황기였던 2018년 1분기 실적을 넘어섰다. 하지만 2022년 하반기부터 드리운 글로벌 경기 침체에 따른 반도체 수요 위축과 메모리반도체 가격 급락에 직격탄을 맞으면서, 영업이익이 10년 만에 적자로 돌아섰다.

비록 회사는 적자를 기록했지만, 2023년 1월 임직원에게 성과급으로 연봉 41%를 지급했다. SK하이닉스는 성과급 뿐 아니라 신입사원의 연봉이 1억에 육박한 것, 레고랜드를 통째로 대관해 직원 가족들이 즐길 수 있게 한 복지로도 유명하다.

버핏의 선택

25

TSMC(Taiwan Semiconductor Manufacturing Co., Ltd. / 台積電 Tái JiDiàn) 는 대만 소재의 세계 1위 파운드리 대기업이다. 1987년 공기업 으로 설립되어 1992년 민영화되었지만 TSMC의 최대주주는 대 만 정부*이다.

1980년대 전자산업을 중시했던 대만도 반도체 시장 진입 의 필요성은 인식하고 있었다. 하지만 미국, 일본 기업들이 이 미 선점 중인 반도체 시장에 진입하기에 대만은 대규모 설비 투 자를 감당할 만한 기업이 마땅하지 않았다. 이때 텍사스 인스 트루먼트사 반도체 사업부 부사장 출신 모리스 창(張忠謀) 박사 가 앞으로 파운드리 사업이 유망하다는 점을 간파하고 대만 정 부를 설득해 TSMC를 설립하고 CEO를 맡게 된다.

TSMC는 파운드리 업체 특성상 모국인 대만 사람이나 관련 업계 종사자가 아니면 잘 모르는 회사였다. 그러다가 2020년대 에 들어 반도체가 경제를 넘어 국제정치적 이슈로 부각되면서, 보다 많은 이들에게 존재가 알려졌다. 파운드리 시장 세계 1위 로 2022년 기준 점유율은 53%이며, 생산규모는 2020년 기준 300mm 웨이퍼 환산 연간 1,300만 장 규모이다.

2010년대 이후 팹리스 기업은 TSMC에 일부 혹은 전부 하

---

* TSMC 지분의 약 6.68%는 대만 행정원 국가발전기금이 보유하고 있다.

청을 맡길 수밖에 없는 구조이다. 자체 생산이 가능한 인텔도 주문 물량이 밀려서 자사가 생산량을 감당할 수 없을 경우, 유일하게 파운드리를 주는 데가 바로 TSMC다. 특히 애플(Apple)의 경우 매해 주문하는 AP의 물량이 엄청나기에 언제나 TSMC의 최신 공정을 독차지하는 상황이 반복되고 있다. 이러한 상황에 불만을 가진 몇몇 기업들이 삼성전자의 팹으로 몰려가기도 했다. 예를 들어 퀄컴이 스냅드래곤 835의 초기 물량을 삼성전자에 전량 위탁했는데 이것은 전례가 없던 일이다.

2022년 3분기 매출에서 삼성전자를 추월할 것이라는 보도가 나왔고, 실제로 분기 매출이 삼성전자보다 약 2조원 앞선 것으로 드러나며 TSMC가 사상 최초로 세계 반도체 제조사 매출 순위 1위로 등극했다. 이는 대만 기업 최초이자 파운드리 업체 최초이기도 하며, 종합 반도체 기업이 1위 자리를 내준 최초의 사건이기도 하다.

서로 1,2위를 다투는 기업이기에 TSMC와 삼성전자가 종종 비교되지만 두 기업은 태생이 다르다. TSMC는 파운드리를, 삼성전자는 메모리를 기반으로 성장한 기업이다. 구조적인 특성상 팹리스는 삼성보다는 TSMC를 선호하는 경향이 있다. 우선 삼성전자는 반도체 설계부터 생산까지 모두 담당하는 종합 반도체기업인 반면, TSMC는 "고객사와 경쟁하지 않는다"는 기조를 강조하고 있는 파운드리 전문업체이기 때문이다. 아무리 삼성전자가 설계를 탈취하지 않는다고 밝혀도, 팹리스 입장에서는 TSMC에 더 안심하고 맡길 수 있는 셈이다.

또한 TSMC는 삼성전자에 비해 파운드리 업력이 길다 보니, 관련 에코시스템을 더 잘 갖춰 났다는 평가를 받고 있다. 단순한 미세 공정 도입 여부와 별개로, 제품을 더욱 체계적으로 만들 수 있는 것이다.

단적인 예로 젠슨 황 엔비디아 CEO는 "TSMC는 세계 최고의 파운드리이고, 삼성전자도 훌륭합니다."(TSMC of course, is still by far the still the best best provider in the world and best foundry in the world. Samsung is excellent as well.)라고 발언한 바 있다. 언뜻 보면 지나칠 수 있지만, 당시 국내외 언론에서는 "TSMC는 최고라는 수식어를 붙였고, 삼성은 그보다 조금 덜한 수식어를 붙였다"고 분석했다. 엔비디아가 TSMC를 좀 더 강조했다고 풀이한 것이다.

영국의 로이터 통신에 따르면 TSMC의 분야별 매출 점유율 1위는 스마트폰으로 51%를 차지하고 있다. 2위는 고성능 컴퓨팅 분야가 31%, 3위는 7%를 차지한 사물인터넷(IoT), 4위는 4%를 차지한 데이터통신장비, 그리고 5위는 자동차로 3%를 차지한다.

'오마하의 현인', '투자의 귀재'로 불리는 워런 버핏이 이끄는 투자회사 버크셔해서웨이가 2022년 3분기에 TSMC 주식을 처음으로 매입했다. 로이터 등에 따르면 버크셔해서웨이는 41억 달러(약 5조4,300억 원)에 TSMC 주식 6010만 주을 사들였다. 이는 버크셔해서웨이의 3분기 전체 주식 매입금 90억 달러(약 11조 9,300억 원) 중 절반에 달하는 규모다.

버핏의 선택으로 투자자들과 반도체 업계의 관심을 받았지만 이례적으로 한 분기 만인 2023년 2월에 보유 주식의 86%인 5,176만 주를 처분한 것으로 드러났다. 2023년 들어 글로벌 반도체 수요 둔화로 TSMC 매출액이 5% 가량 감소할 것이란 전망에 버크셔해서웨이가 수익 실현에 나섰다는 분석이 많다.

슬기로운 반도체 자립 생활

26

애플(Apple)은 프리미엄 스마트폰 시장의 최강자일 뿐 아니라 매출 측면에서도 세계 스마트폰 시장의 선두를 차지하고 있다. 시장조사기관 카운터포인트에 따르면 2021년 애플의 매출은 전년 대비 35% 증가한 1,960억 달러(약 240조 원)로 1위, 삼성전자가 720억 달러(약 88조 원)로 2위였다. 중국의 오포(OPPO)가 370억 달러로 3위, 샤오미·비보가 4·5위를 차지했다.

2022년 스마트폰 점유율은 삼성이 22%로 1위, 애플 19%인 2위, 샤오미·오포·비보의 순이다. 스마트폰 판매대수에선 삼성이 1위지만, 매출 측면에서는 애플이 삼성전자의 2배 이상이다.

글로벌 스마트폰 시장의 양대 산맥인 애플이 스마트폰과 PC 제조사를 넘어 반도체 회사로도 성장하고 있다. 애플은 최근 들어 자사의 거의 모든 제품에 자체 개발한 반도체를 탑재하고 있다. 애플이 자체 설계하는 반도체는 크게 두 가지인데 하나는 아이폰에 들어가는 모바일 프로세서인 'A 시리즈'와 또 하나는 자사 PC에 들어가는 프로세서인 'M1'이다.

애플은 'A 시리즈'를 자체 개발하고 있으니, 스마트폰용 반도체 회사라고 할 수 있을 것이다. 물론 모바일 프로세서 시장의 점유율로 보면 퀄컴, 미디어텍에 이은 3위 수준이지만 단일 AP 물량, 매출·이익 면에서는 애플이 실질적인 1위라고 봐도 무방할 것이다.

애플이 자체적으로 반도체를 준비하기 시작한 지는 이미 10년이 지났다. 2008년 반도체 설계회사 팔로알토세미컨덕터, 2011년 플래시메모리 기업 아노비트, 2018년 전력반도체 전문업체 다이얼로그, 2019년 인텔 모뎀칩 사업부 등을 잇달아 인수하며 반도체 설계 역량을 축적했다. 외부 의존도를 낮추고 공급 안정성과 가격 경쟁력을 높이기 위한 준비과정이었던 셈이다.

애플은 2022년 3월 신제품 이벤트에서 저가형인 아이폰 SE(3세대)를 소개했다. 외형적인 스펙은 약 2년 전에 출시된 2세대와 거의 유사하다. 카메라나 디스플레이 상에서 새로운 것은 없지만 3세대 아이폰 SE의 특징은 아이폰 13시리즈에 탑재된 최신 모바일 프로세서 'A15'를 똑같이 탑재했다는 것이다. 50만 원대 제품이지만 100만 원대 안드로이드 스마트폰보다 훨씬 성능이 높기 때문에 게이밍이나 앱 기반 연산 작업 등에 최적이라는 평이다. 저렴한 아이폰이지만, 칩 성능만큼은 고급모델과 동급이라고 소비자에게 어필한 셈이다.

또한 애플은 'M1 울트라'를 탑재한 데스크톱 PC '맥 스튜디오'를 소개했다. 애플은 그동안 PC에 들어가는 프로세서로 인텔 제품을 탑재해 왔다. 그러다가 2020년 11월부터 직접 개발한 M1을 아이맥(24인치), 맥 미니, 맥북 등에 탑재하기 시작했다.

시장에 선보인 후 1년 반 만에 M1 시리즈는 최고성능의 칩 'M1 울트라'를 더하여 M1, M1 프로, M1 맥스까지 4 종류로 늘어났고, 탑재 기종도 10종에 이르게 된 것이다. 시장 규모로 본다면 M1 칩은 아직 인텔 제품에 밀리지만 성능 면에서는 압도적인 차이를 보이고 있다. 애플은 인텔 칩을 탑재한 맥 프로보다 자체 칩셋을 탑재한 맥 스튜디오의 CPU 성능이 90% 높다고 밝힌 바 있다.

PC에 탑재된 M1 울트라는 새로운 기판을 사용하지 않고, 기존 M1 맥스 칩 2개를 이어 붙여 만들었다. 애플이 울트라퓨전으로 부르는 이 기술은 고성능 칩을 새로 개발하는 것이 아니라 칩을 연결해 성능을 높이는 모듈화 설계 방법이다. 물론 모든 칩이 단순하게 2개 연결했다고 성능이 2배가 되는 것은 아니다. 다만 애플은 M1칩을 설계할 때부터 모듈화를 염두에 두고 연결이 용이하도록 개발했다고 했다. 이로 인해 매번 새로운 반도체를 개발하지 않고도 성능을 향상할 수 있게 된다. 앞으로 4개, 8개 이어 붙이는 것이 가능하다면 양산 효율과 프로세서 성능을 모두 잡을 수 있다.

아이폰과 맥 스튜디오에 탑재된 반도체를 살펴보면 애플이 추구하는 효율의 극대화를 알 수 있다. 통상 제조사들은 저가 제품을 만들 때는 저가 부품을 쓰고 프리미엄 제품을 만들 때는

146

고가의 부품을 쓴다. 제조 단가를 맞추기 위해서이다. 하지만 애플은 최신 AP인 A15를 저가폰, 프리미엄 폰 구별하지 않고 모두 탑재했다. 저가인 아이폰 SE를 위해 저가 AP를 새로 만드는 등의 라인업을 분리하는 것보다 단일 칩을 더 많이 만들어 단가를 낮추는 것이다. PC도 마찬가지다. 고성능 칩을 새로 만드는 것이 아니라 기존 칩을 합쳐서 만들기에 모델의 종류는 줄이고 수량을 늘려 전체 단가를 저렴하게 할 수 있다. 반도체를 직접 개발하기에 가능한 일이다.

또한 애플은 퀄컴 의존도를 줄이기 위해 지난 몇 년간 5G 모뎀 칩을 자체 개발해왔다. 블룸버그 통신은 2024년 후반부터 퀄컴 제품이 아닌 자체 5G 모뎀 칩을 채택할 것이라고 밝혔다. 뿐만 아니라 2025년 브로드컴의 무선 칩을 자체 설계한 칩으로 대신할 예정이라고 보도했다. 애플은 브로드컴으로부터 무선 주파수 칩과 무선 충전 칩 등을 공급받아왔다.

블룸버그는 반도체 큰손인 애플의 반도체 자립은 애플을 고객으로 둔 반도체 업계를 뒤집어놓을 수 있다고 지적했다. 인텔, 퀄컴, 브로드컴 같은 팹리스 기업들의 시장 지배력은 떨어지고, TSMC 같은 파운드리 업체는 반사이익을 볼 수 있다는 의미이다. 실제로 2020년부터 애플 노트북에 인텔 제품 대신 자체 칩을 탑재하면서 인텔은 매출의 10%를 차지하던 고객을

잃었다. 반면 TSMC는 애플의 독점 반도체 제조사로 우뚝 설 수 있었다.

애플의 반도체 자립이 반도체 업계에 어떤 나비 효과를 가지고 일으킬 지가 앞으로 관전 포인트가 될 것이다.

전기차를 넘어 AI, 반도체까지

27

테슬라(Tesla)는 자동차 회사인가? 그렇지 않다. 테슬라는 더 이상 단순 자동차 회사라 부를 수 없다. 테슬라는 전기차 부문이 주력 사업이지만 AI를 필두로 한 소프트웨어 분야도 업계 상위권으로 평가 받는다. 로봇 산업에도 뛰어들며 더 이상 전기 자동차 회사라고 단정지어 부르기 어려워졌다.

테슬라는 매년 이벤트를 열었는데 2019년 Autonomy Day를 시작으로 2020년 Battery Day, 2021년에 AI Day1에 이어 2022년 2번째 AI Day를 열었다. 보통의 사람이 듣기에 자동차 회사에서 AI를 논하는 게 어울리지 않아 보일 수 있으나, 테슬라는 자율주행을 시작으로 성장하는 AI 회사이기도 하다. AI Day에서 휴머노이드 로봇, FSD 고도화, 도조(Dojo) 성능과 적용 계획을 공개했는데 이를 통해 테슬라가 준비하는 반도체 생태계를 엿볼 수 있다.

일론 머스크가 대중들에게 자율주행을 화두로 꺼낸 것은 2013년이다. 그리고 WGS 2017*에서 완전 자율 주행 기능이 없는 차를 제조한다는 것이 이상한 일이 될 것이라고 발언했다. 그의 발언은 테슬라 차량에 탑재된 자율 주행 기능과 궤를

---

* WGS (World Government Summit,세계정부정상회의) : 리더들이 세계의 도전에 대한 아이디어와 비전을 교환하는 행사

같이한다. 기존에 오토파일럿이라 불리던 기능이 1세대, 2세대, 2.5세대를 거치며 3세대부터 FSD로 불리게 된 것이다. FSD(Full Self Driving)는 테슬라가 제공하는 자율주행 옵션이자 자율주행용 인공지능 반도체 이름이기도 하다. 2019년 FSD 공개 후 2021년 2,000명이던 FSD 베타 사용자는 2022년 16만 명까지 늘었고, 2022년 11월 11일 오후 11시에 FSD V11이 초기 릴리즈 되었다. FSD는 운전자가 개입하지 않아도 되는 '자율주행 레벨 5'를 목표로 하고 있다.

FSD를 구동하기 위해서는 소프트웨어도 필요하지만 최적화된 하드웨어, 즉 자율주행용 칩도 필요하다. 테슬라는 이 칩을 자체 개발*했는데, 배터리 자체 개발 시도에 이어 자율주행 칩까지 자체 생태계를 구축하겠다는 의지를 엿볼 수 있다.

아직 자율주행 반도체 시장이 크게 성장한 것은 아니다. 그럼에도 테슬라가 현 시점에 FSD 반도체 생산에 돌입한 이유는 자율주행 시장에서 우위를 점하기 위함으로 보인다. 이는 더 많은 기술력을 필요로 하지만, 완성된 후에는 최적의 상태로 자율주행을 구동할 수 있게 된다.

---

* 칩 생산은 파운드리 업체에 의뢰하는데 FSD 1세대는 삼성 미국 오스틴 공장, 2세대는 삼성 화성공장에서 생산했다. 3세대부터는 TSMC 미국 애리조나 공장에서 생산한다.

테슬라가 자체 개발하는 또 다른 부품은 슈퍼컴퓨터 도조에 들어가는 D1 반도체이다. 도조는 도장(道場)을 의미하는 일본어로, 우리가 흔히 아는 태권도장, 유도장, 검도장과 같이 배우며 훈련 하는 곳이다. 테슬라는 D1에서 그들의 자율주행을 훈련시킬 계획이라고 한다. 테슬라가 도조를 개발한 배경은 크게 2가지이다. 첫째 데이터 쌓이는 속도를 학습 속도가 따라갈 수 없고, 둘째 현재 GPU 용량을 증가시켜도 데이터 연산과 학습 성능이 개선되지 않기 때문에 이를 해결하기 위해서이다.

도조는 우선 자율주행 학습에 사용된다. 수많은 실제 데이터 값 처리부터, 가상 시뮬레이션을 통한 기계 학습까지 실행한다. 테슬라는 자율주행 기술 출발점인 AI 기술을 꾸준히 발전시켜 왔다.

테슬라가 차를 만들고 자율주행을 완성하려는 것은 알겠는데, 왜 반도체까지 직접 만들까?

보통 칩의 성능을 평가할 때 PPA(Power · Performance · Area)를 기본 지표로 살펴본다. 소모 전력과 연산능력, 칩의 면적을 수치화하여 성능을 비교, 판단하는 것이다. 이를테면 연산능력이 아무리 뛰어나도 소모 전력이 너무 높다면 좋은 칩이라 말하기가 어렵고 성능과 파워가 뛰어나도 면적이 크다면 좋은 칩이라 말하기 어렵다.

이 기준으로 D1과 엔비디아 A100을 비교하면 현재 가장 앞선 GPU로 불리는 A100보다 더욱 뛰어난 성능을 보이고 있다. D1은 A100보다 16% 빠른 연산 능력을 가지고 있고 면적은 22% 가량 작다.

테슬라는 FSD의 전신인 오토파일럿 2세대에서 엔비디아의 제품을 썼으나 FSD 칩셋을 자체 개발하면 엔비디아와 결별하게 된다. 엔비디아의 경우 현존 최고의 GPU칩을 설계하는 회사인데, 반도체 기업이 아닌 테슬라가 이런 스펙의 칩을 설계한 것은 대단한 일이다. 다른 자동차 업체가 엔비디아 등의 반도체 회사 설계에 의존하는 것에 비해 테슬라는 본인들의 자율주행 특성에 맞는 반도체를 확보하면서 자율주행의 완성도를 높일 수 있는 것이다.

즉 테슬라는 슈퍼컴퓨터 도조에서 자율주행을 위한 AI 알고리즘을 학습하고 전기차에 FSD를 탑재해 실제 차량 운행에 활용한다. 소비자에게 제공되는 완제품인 자동차부터 그 안에 탑재되는 반도체, 소프트웨어와 그 뒷단의 시스템까지 직접 개발한다. 이는 애플의 방향과 상당히 흡사하다.

한 반도체 업계 관계자는 "아무리 좋은 성능을 구현해도 반도체를 외부에서 가져다 쓰면 외부에 유출되는 비용이 늘어날 수밖에 없기 때문에, 여건이 된다면 자체 칩을 설계하는 것이 유리하다"면서 "칩을 자체 설계하면 자사 소프트웨어를 비롯한 시스템과의 호환성도 높아져, 더 좋은 성능을 제공할 수 있어 유리하다"고 말했다. 테슬라가 애플처럼 자체 생태계를 구축하려는 이유이다.

● **엔비디아**

인공지능 컴퓨팅을 선도하다

28

지난 몇 년 동안 가장 많이 급등한 기술주를 꼽자면 엔비디아(NVIDIA)를 빼놓고 논의할 수 없을 것이다. 엔비디아는 1993년 대만계 미국인이자 AMD 엔지니어 출신인 젠슨 황(Jensen Huang)이 설립하였다. 처음에는 CPU 생산을 기획하였지만 그래픽 칩셋으로 방향을 바꾸었다. 1999년에 나스닥에 상장되었고, 2015년 6월 당시의 주가는 주당 20.74달러였다. 하지만 5년 뒤 엔비디아의 주가는 2020년 6월 368.72달러까지 치솟았는데, 5년 사이 20배 가까이 주가가 급등한 것이다. 같은 해 5월에는 처음으로 시가총액이 2,000억 달러에 도달했다. 나이키나 맥도날드 같은 기업을 넘어서서 줄곧 미국 반도체 회사 1위 기업인 인텔마저도 추월한 것이다. 8월에는 시가총액 3,000억 달러, 2021년 하반기에 들어서는 어닝 서프라이즈*와 더불어 메타버스의 주요 수혜주로 꼽히며, 시가총액 7,000억 달러를 돌파하는 놀라운 기록을 보였다.

2023년 2월 업계에 따르면 엔비디아 시가총액은 5,231억 달러로 세계 반도체 기업 중 가장 크다. 팹리스 회사 가운데는 독보적인 1위이다. 2022년 3분기 기준 데스크탑 GPU 시장 점유율 86%로 압도적 1위이며 및 자율주행 자동차 부분 반도체

---

* 어닝 서프라이즈: 기업의 영업 실적이 시장이 예상했던 것보다 높아 주가 상승에 긍정적 신호를 주는 것을 일컫는 경제용어

점유율 1위를 유지하고 있다.

"하드웨어와 소프트웨어, 인공지능(AI)을 아울러 컴퓨팅으로 현실세계의 문제를 해결합니다." 젠슨 황(Jensen Huang) 엔비디아 CEO가 했던 말이다.

엔비디아가 현재 영위하는 사업을 살펴보면 AI, 자율주행, 메타버스 등 다양하고, 첨단 기술과 밀접한 연관이 있다. 어느 한 부문에만 집중하지 않았고, 컴퓨팅을 적용하는 분야 대부분에 손을 뻗고 있는 것이다.

엔비디아는 다양한 업체와 인수합병을 시도하며 사업 영역을 넓혀 나가고 있다. 2019년에는 컴퓨터 네트워킹 공급업체 멜라녹스(Mellanox)를 인수하며 데이터센터용 프로세서 산업에 손을 뻗었다. 2020년 9월에는 ARM 인수를 시도했는데, 인수하고자 했던 이유는 CPU 시장까지 점령하기 위함이었다. 비록 인수에는 실패했지만 GTC 2021*에서 최초로 독자적으로 개발한 데이터 센터용 ARM기반 CPU를 발표했다. 2023년 상반기 출시 예정이인데 인텔 제온 시리즈를 겨냥하며 엔비디아 CPU+GPU 조합이 인텔보다 10배 더 빠르다고 홍보하고 있다. 젠슨 황 CEO가 "엔비디아는 그래픽 칩, 인공지능 등을 넘어선

---

* GTC(GPU Technology Conference): 엔비디아가 주관하는 AI 개발자 컨퍼런스

종합 컴퓨팅 회사"라고 언급한 이유가 있다.

또한 엔비디아는 메타버스 플랫폼인 '옴니버스'(Omniverse)를 제공하고 있다. 2020년 옴니버스 베타 버전 출시 후 2021년에는 기업용 플랫폼인 엔비디아 옴니버스 엔터프라이즈를 공개했다. 2022년 말에는 AI 아바타인 토이 젠슨(Toy Jensen)이 부르는 징글 벨 공연 영상을 통해 연말 인사를 보내기도 했다. 이 공연 영상은 옴니버스 아바타 클라우드 엔진(Avatar Cloud Engine, ACE)의 핵심 기술 데모를 위해 만들어진 것이다. 가상 이벤트, 온라인 교육, 고객 서비스, 비디오 게임, 소셜 미디어, 가상 현실 경험을 위한 맞춤형 아바타 제작 등 다양한 산업 분야에서 활용될 것으로 예상된다.

다시 주가 이야기로 돌아가자면, 2022년 하반기의 엔비디아 주가는 최저가 110달러 초반을 기록했다. 고점 대비 반 토막 이상이 난 상태였다. 오래전 일도 아니지만 과거 엔비디아의 주가가 크게 증가할 수 있었던 이유는 무엇일까? 다른 반도체 업체와 유사하게 산업 전반에 컴퓨팅 수요가 증가하여 그 수혜를 입었다는 분석이 있다.

하지만 그 외 엔비디아에게만 적용되던 다른 요인이 있었는데 바로 그래픽 카드 판매의 급증 뒤에 숨은 '암호화폐 채굴 업체들로 인한 수요 증가'였다. 엔비디아의 그래픽카드가 비트

코인과 이더리움 채굴에 효율적이라는 사실이 알려지면서, 중국을 중심으로 그래픽카드 수요가 갑자기 증가했다. 암호화폐 가격이 오를수록 그래픽카드 수요는 더 증가하면서 엔비디아의 실적도 좋아졌다. 하지만 암호화폐 가격이 폭락하면서 엔비디아의 실적이 같이 하락했고, 이에 주주의 문제 제기에 조사가 시작되었다. 미국 증권거래위원회(SEC)는 엔비디아가 암호화폐와 실적과의 연관관계를 알고 있으면서 핵심 정보를 투자자에게 제대로 제공하지 않은 점이 미국 증권거래법을 위반한 것이라고 판단했다. 이에 엔비디아는 SEC에 과태료 550만 달러(약 70억 원)를 지급하기로 결정했다.

2023년 들어서 엔비디아의 주가가 다시 44% 올랐다. 이는 같은 기간 미국 대표 지수인 S&P500 상승률(7%)의 6배가 넘는 수치였다. 챗GPT*를 개발한 오픈AI에 1만 개 넘는 그GPU를 납품한 엔비디아가 'AI 시대의 황태자'로 부상한 것이다.

엔비디아가 연매출 (2022회계연도 269억 달러)의 20배 넘는 가치를 인정받은 것은 챗GPT 영향이 크다. 마이크로소프트 등 빅테크들이 2~3년간 대화형 AI에 수백억 달러를 투자할 것으로 예상됨에 따라 엔비디아의 GPU 매출이 급증할 것으로 전망된다.

---

* 챗GPT : Open AI 기업이 2022년 12월 1일 공개한 대화 전문 인공지능 챗봇. 인간과 자연스러운 대화를 나누고 질문에 대한 답을 내놓으며 이메일, 에세이, 소프트웨어 코드 등도 작성할 수 있다.

반도체기업 시가총액 순위

순위	반도체기업	시가총액(단위; 억 달러)
1	엔비디아	5,231
2	TSMC	4,945
3	삼성전자	3,406
4	ASML	2,647
5	브로드컴	2,479
6	텍사스인스트루먼트	1,593
7	퀄컴	1,438
8	AMD	1,313
9	인텔	1,150

(2023년 2월 12일 발표 기준)

● 퀄컴

한국 이동통신 역사의 한 획을 긋다

과거 대부분의 휴대폰에는 육각형 로고와 '디지털 바이 퀄컴(Digital by Qualcomm)' 또는 '퀄컴 3G CDMA'이라고 적힌 스티커가 붙어 있었다. 그 휴대폰에는 퀄컴(Qualcomm)이 만든 반도체와 소프트웨어를 사용하고 있으며 휴대폰 가격 중 일부는 기술 사용료 명목으로 미국의 퀄컴사에 지불된다는 표시다. 한국 이동통신 역사에서 빼놓을 수 없는 기업 퀄컴은 무선 전화통신 연구 개발 및 팹리스 업체이다. 1985년 어윈 제이콥스가 MIT 동창생들을 모아서 8명 직원으로 설립했는데 퀄컴의 이름은 'Quality Communication'의 약자로 '좋은 품질의 통신'을 만들자는 의미가 있다.

퀄컴이 처음부터 승승장구한 기업은 아니었다. 퀄컴은 1990년에 CDMA 연구에 집중 투자를 했지만 GSM 기술에 밀려 미국회사지만 미국에서조차 표준화에 실패했다. 하지만 ETRI(한국전자통신연구원)가 1993년에 퀄컴과 CDMA 상용화 계약을 체결하면서 CDMA가 한국 이동 통신의 단일표준으로 정해지고, SK텔레콤이 상용화에 성공하면서 성장세를 이을 수 있었다. 퀄컴은 삼성전자, LG전자, 팬택 등 한국의 휴대전화 업체와 적극적으로 협력하여 한국의 휴대전화 사업자들과 해외 시장을 개척해 나갔다. 뿐만 아니라 1990년대 말에 미국 무선통신의 표준으로 CDMA가 확정되면서 전화기 모뎀/기지국 모뎀/장비 등 판매를 통해서 대성공을 이루게 된다. 순수하게 꾸준

한 기술투자를 통해서 특허로 성공한 대표적인 기술 중심 기업이다.

퀄컴은 CDMA 원천 기술 특허를 가지고 있으며 3G, 4G(LTE), 5G에 수많은 핵심특허를 보유하고 있다. GSM의 특허기술이 모토로라, 루슨트 등 다수 업체에 분산돼 있는 데 비해 CDMA 관련 특허는 퀄컴 독점이다. 퀄컴의 공동 창립자인 어윈 제이콥스는 2300여개에 이르는 방대한 CDMA 관련 미국 특허를 보유하고 있다. 퀄컴의 CDMA 기술을 이용하는 업체는 퀄컴에 기술료(로열티)를 내야하는데, 퀄컴은 이들 휴대폰 제조사들로부터 제조 원가의 5% 안팎을 특허료로 받는 것으로 알려졌다.

퀄컴이 보유한 특허로 인해 발생하는 특허 소송은 우리나라뿐 아니라 모바일 업계와도 자주 일어나는 편이다. 애플은 2011년부터 퀄컴의 모뎀 칩을 사용하면서 비즈니스 파트너 관계를 유지해 왔지만 2017년 라이선스 계약 종료를 앞두고 로열티 지급 방식을 놓고 2년간 분쟁을 벌였다. 애플은 퀄컴이 독점적 지위를 남용해 과도한 로열티를 부과했다며 배상을 요구했고, 퀄컴은 로열티 지급을 보류한 애플이 계약을 위반했다며 맞소송을 냈다. 캘리포니아 지역법원 배심원들은 2019년 3월 애플이 퀄컴 특허권 3개를 침해했다면서 3,100만 달러 배상 평결을 했다. 아이폰 한 대당 1.41달러를 부과한 금액이었다. 이후 애플은 특허 무효 소송을 냈지만 패소했다.

퀄컴 매출의 56%는 휴대폰 칩 사업 부문이 차지하며, 11%는 무선 주파수 프론트엔드 (RFEE)*가 차지한다. IoT 칩 매출이 비중의 14%를 차지하고 자동차용 칩 매출은 2%에 불과하다.

현재 가장 잘 알려진 퀄컴의 제품은 '스냅드래곤 시리즈'다. 스냅드래곤은 퀄컴에서 개발한 모바일용 'SoC(System on Chip)'로 2008년에 첫 시리즈가 공개됐다. 모바일 통신 기능을 넘어 와이파이, 블루투스, GPU, CPU, DSP, 카메라 영상처리 프로세서 등을 지원한다. 오늘날 스마트폰의 다양한 기능을 사용할 수 있도록 한다.

시장조사기관 스트래티지애널리틱스에 따르면, 퀄컴은 4G 시장 초기 90% 이상의 점유율을 기록했다. 5G도 마찬가지다. 후발 기업들도 5G 칩 생산에 시동을 걸면서 다자경쟁 구도가 갖춰졌지만, 카운터포인트리서치에 따르면, 2022년 3분기 모바일 프로세서 시장에서 퀄컴은 매출액 기준 약 40%의 시장

---

* RFFE (RF Front End) : 통신 시스템의 핵심 구성 요소로 무선 주파수 신호를 수신하고 전송하는 기능이 있다. 단말기 모뎀과 안테나를 구성하는 전력 증폭기, 스위치, 필터 등 5G 통신 필수 부품이 포함된다.

점유율을 차지했다. 시장점유율 기준으로 본다면 미디어텍이 35%로 1위, 퀄컴이 31%로 2위이다.

퀄컴은 5G시대의 1위 자리를 굳히기 위해 중국시장을 노렸지만, 지난 2020년 미국 정부의 화웨이 제재 조치 이후 중국 스마트폰 반도체 시장에서 퀄컴의 시장 점유율 급감세를 보였다. 중국 내 스마트폰업체들이 대체 칩을 찾으면서 대만의 미디어텍이 1위 업체로 급부상했다. CINNO리서치에 따르면 2020년 퀄컴의 대중국 스마트폰 칩셋 출하가 전년대비 48.1%나 감소했고, 중국 시장 내 점유율은 2019년 37.9%에서 2020년 25.4%로 급감했다.

비록 중국 시장에서는 점유율이 감소했으나 퀄컴이 사업 다각화에 힘을 쏟은 성과가 나타나기 시작했다. 차량용 반도체의 누적 수주액이 300억 달러(약 43조3,200억 원)를 돌파했다. JP모간은 "스마트폰 시장에서 역풍을 맞았지만 대신 차량용 및 사물인터넷(IoT) 분야 진출은 성공적"이라며 "사업 다각화 성공은 퀄컴을 재평가해야 하는 요인"이라고 설명했다. 퀄컴이 사업 다각화를 위해 힘을 쏟고 있는 분야는 차량용 반도체다. 자동차용 반도체칩을 이용한 디지털 섀시 플랫폼을 완성차 업체에 공급하고 있다. 2023년 1월 퀄컴은 미국 뉴욕에서 투자자를 대상으로 한 행사를 열고 "자동차 사업 부문 수주액이 총 300억 달러를 돌파했다"고 발표했다. 지난 7월 공개했던 수주액(190억 달러)에서 두 달 만에 110억 달러 늘었다.

혼다와 볼보는 퀄컴의 디지털 섀시가 적용된 디지털 콕핏을 활용해 신제품을 개발 중이다. 디지털 콕핏은 운전석을 중심으로 계기판과 디스플레이 등을 디지털화해 운전석을 다용도로 활용할 수 있게 하는 시스템이다. 르노도 퀄컴의 콕핏, 무선통신, 자율주행 기술 등을 도입하기로 했다. 메르세데스벤츠도 퀄컴에서 디지털 섀시를 공급받기로 했다. 퀄컴은 메르세데스벤츠에 인공지능(AI)을 토대로 한 가상비서 기능까지 지원할 예정이다.

카시 팔키왈라 퀄컴 최고재무책임자(CFO)는 "차량용 반도체 사업의 연매출을 현재 13억 달러에서 2026년 40억 달러, 2031년 90억 달러 이상으로 끌어올리겠다"고 말했다. 후속 사업으로는 메타버스를 낙점했다. 퀄컴은 2023년 2월 메타버스용 칩셋 개발을 위해 메타와 협업하기로 했다.

계륵인가 황금거위인가

30

한 때 언론에서 다양한 별명을 붙인 기업이 있다. '그림의 떡' '계륵' 그리고 '황금거위'. 이 별명의 주인공은 소프트뱅크 자회사이자 영국 반도체 설계기업인 ARM*이다. ARM이 반도체 업계 밖에선 다소 생소한 이름인데, 일반인들에게 익숙하지 이유가 있다. ARM은 팹리스 형태로 설계에만 집중하면서 로열티를 받는 지식 집약적 회사이다. ARM을 팹리스의 팹리스이라고 부르기도 한다. ARM이 판매하는 건 '설계자산(IP)', 즉 반도체의 '설계도(아키텍처·Architecture)'인데, IP를 제공하고 그 대가로 라이선스 비용과 로열티 수익을 받는다. 전 세계 1,000여개 기업에서 ARM의 IP를 기반으로 반도체를 설계한다. 회사 매출은 2조원 수준으로 업계 내에서 두드러지진 않지만 기술력에서 부각받는 회사다.

소프트뱅크에 따르면 ARM 설계도로 만든 모바일 AP는 전체의 90%(2019년 기준)를 차지하고 있다. 일례로, 퀄컴의 '스냅드래곤 시리즈', 애플의 'A 시리즈', 미디어텍의 '디멘시티 시리즈', 삼성전자의 '엑시노스 시리즈', 등 모바일 AP 시장의 시장점유율 1위부터 3위까지 제품들은 모두 ARM 설계도로 만든다.

뿐만 아니라 전통적으로 인텔이 압도적인 영향력을 과시해

---

* ARM : Acorn/Advanced RISC Machines의 약어이며 Acorn Computer, Apple, VLSI Technology 라는 세 회사의 조인트 벤처로 생겨났다

왔던 PC·서버용 CPU 시장에서 ARM은 세력을 넓혀가고 있다. 대만의 IT전문매체 디지타임스는 "2020년 3% 안팎이었던 ARM의 서버용 CPU 시장점유율이 2024년 10%대로 오를 것"이라면서 "반면, 인텔의 시장점유율은 같은 기간 87%에서 70%대로 낮아질 것"으로 내다봤다.

변곡점을 만든 건 애플이었다. 인텔과 15년간 동맹관계를 유지해온 애플이 인텔의 CPU 대신 ARM 설계도 기반의 CPU를 탑재하기 시작한 것이다. 애플의 선택이 시장에 적지 않은 파장을 불러온 셈인데, 주목할 건 서버용 CPU 시장에서도 유사한 움직임이 감지되고 있다. 아마존과 마이크로소프트·알리바바 등 ARM 설계도를 기반으로 서버용 반도체를 개발하는 빅테크 기업들이 점차 늘고 있어서다.

더 주목해야 할 건 머지않은 미래에 그 영향력이 더욱 커질 수 있다는 점이다. 인공지능(AI), 사물인터넷(IoT), 로봇 등 첨단기술이 선도하는 미래 산업에선 반도체 설계기술의 중요성이 더욱 높아질 게 분명하기 때문이다.

이종환 상명대(시스템반도체공학) 교수는 "팹리스는 대부분 ARM의 설계기술을 활용하는데, 시스템 반도체 분야에선 반도체 설계를 하기 위해 피할 수 없는 부분"이라면서 "AI, 로봇, IoT 등의 개발에 있어서도 마찬가지일 공산이 크고, 그로 인해

ARM의 위상은 점점 커질 게 분명하다"고 설명했다.

이런 기술력과 영향력을 가진 회사인데 왜 계륵이나 그림의 떡 같이 명예롭지 못한 별명이 붙었을까. 부침이 있는 기업 운명 때문인데, 그 시기는 2020년으로 거슬러 올라간다. 2016년 일본의 소프트뱅크는 ARM을 234억 파운드(33조5,000억 원)에 인수했으나, 4년 뒤인 2020년 7월 매각 의사를 밝혔다. 최악의 적자를 본 소프트뱅크에서 유동성 확보를 위해서였다. 이에 따라 ARM 아키텍처 이용이 가장 많은 모바일 업계, 특히 인수 여력이 큰 삼성전자나 애플 등의 인수설이 제기되었다.

소프트뱅크에서 매각 의사를 밝힌 후 두 달 만에 가장 먼저 인수 시도를 한 기업은 엔비디아였다. 엔비디아는 400억 달러(약 47조 원)에 인수한다고 밝혔지만 2022년 1월, 결국 엔비디아가 ARM 인수를 포기한다는 기사가 나왔다. 미국 공정거래위원회인 연방거래위원회(FTC)의 인수 불허 결정이 영향을 끼쳤다. FTC는 ARM이 모든 반도체 회사에 저전력 아키텍처를 제공하고 있기 때문에 엔비디아가 퀄컴 등 팹리스 업체들에 라이선스(특허)를 주지 않거나 사용료를 비싸게 팔 가능성이 있다며 인수를 막았다.

그리고 2022년 10월 이재용 삼성전자 회장과 손정의 소프트뱅크그룹 회장의 회동이 있었다. 이재용 회장과 손정의 회장은 두 기업간의 전략적 협력 방안을 논의하면서 인수 · 합병

(M&A)도 협상 테이블에 오를 것으로 예상되었다.

ARM을 지칭하는 별명이 여러 개 생겨난 것도 이 때쯤이다. 한 때 황금알을 낳는 거위로 불렸지만 소프트뱅크에는 '계륵' 같은 존재가 되어 매각키로 결정한 것이고, ARM에 관심을 보이는 기업에게는 '그림의 떡'이 된 것이다. 많은 기업이 ARM의 독보적인 기술력과 독점적인 시장 지위 때문에 탐을 낸다. 시장에서 추정한 ARM의 가격은 600억 달러(약 82조 원)에 이른다. 연간 매출액이 27억 달러(2021년 기준) 수준인 기업 치고는 비싼 편이다. 엔비디아가 인수를 시도했던 2020년 ARM의 몸값이 400억 달러였으니, 불과 2년여 만에 몸값이 1.5배나 뛰어오른 셈이다. ARM을 두고 '그림의 떡'이란 평가가 나오는 이유가 여기에 있다. "누구나 탐을 내지만 아무나 가질 수는 없다"는 것이다.

삼성전자, 소프트뱅크 회장의 회동 이후 뚜렷한 결과물은 없었고 업계의 분위기는 ARM 인수 무산에 무게가 기운다. SK하이닉스와 퀄컴 등이 ARM의 지분을 매입하는 컨소시엄 구성 방안을 언급한 적도 있지만 어느 회사가 컨소시엄을 주도할 것인지도 정해지지 않아 실현 가능성은 희박하다. 영국 언론에 따르면 리시 수낙 총리와 ARM, 소프트뱅크 경영진이 2022년 말 총리 관저에서 회동해 ARM 런던 증시 상장에 대해 논의했다. 그러나 절차 복잡성과 비용 등 난관이 여전히 남아 있어 실현 여부는 미지수다.

회사의 운명은 부침이 있지만 ARM의 실적은 좋다. 2022년 3분기 총 매출이 전년 대비 28% 증가한 7억4,600만 달러(약 9,339억 원)를 달성했다고 밝혔다. 이 기간 파트너사들이 ARM의 설계를 기반으로 제작한 칩의 출하량은 역대 분기 최고인 80억 개로 집계됐다. 현재까지 ARM 설계 기반 칩의 총 출하량은 2,500억 개를 넘는다. 라이선스와 로열티 매출도 지속적으로 늘고 있어 라이선스 매출은 전년 대비 65% 증가한 3억 달러(약 3,755억 원)로 집계됐다. ARM의 미래가 어떻게 될 것인지는 좀 더 지켜봐야 할 상황이다.

'인사이드'에서 '아웃사이드'로

인텔(Intel)은 CPU와 컴퓨터 관련 칩셋, 네트워크 칩셋, 서버, SSD 등 컴퓨터 전반에 걸친 제품군을 생산하는 미국의 세계 최대 종합 반도체 회사이다. 1968년 7월 로버트 노이스(Robert Noyce)와 고든 무어(Gordon Moore) 두 사람이 페어차일드 반도체를 그만두고 인텔을 설립했다. 'Intel'이라는 이름은 통합을 뜻하는 'Integrated'와 전자를 의미하는 'Electronics'을 결합하여 만든 것으로 전문분야인 전자 집적회로를 떠올리게 한다.

인텔은 오랫동안 업계 1위를 유지하던 전통있는 회사로, 설립자의 이름을 딴 '무어의 법칙'(Moore's law)*이 있을 정도로 반도체의 혁신을 주도했다. 기업 역사상 최고의 광고 문구로 꼽히는 '인텔 인사이드'는 사용자들에게 컴퓨터 CPU 하면 인텔을 떠올리게 했다. 인텔 CPU를 쓰고 마이크로소프트의 운영체제(OS)인 윈도우를 채택한 '윈텔(윈도우+인텔)' PC는 세계 표준이 되었다. 2009년에는 EU가 인텔에게 반독점법 위반으로 1조 원 이

---

* 고든 무어가 1965년에 논문에 내놓은 무어의 법칙(Moore's Law)은 세 가지 조건이 있다.
  • 반도체 집적회로의 성능 (메모리의 용량이나 중앙처리장치의 속도)이 18개월~24개월마다 2배씩 향상된다
  • 컴퓨팅 성능은 18개월마다 2배씩 향상된다
  • 컴퓨터 가격은 18개월마다 반으로 떨어진다
  인텔은 2016년 "공정 전환 주기를 2년에서 3년으로 바꾼다"고 공식 발표함으로서 '모어 댄 무어 법칙(More than Moore's law)' 시대를 천명했다.

상의 벌금을 부과했으며, 2016년도에는 CPU 시장 점유율 80%를 차지할 정도로 독점력을 보여줬다.

하지만 인텔은 모바일 시대에 편승하지 못해 '인텔 인사이드'는 '인텔 아웃사이드'라는 오명을 가지게 되었다. 주력 제품인 PC용 프로세서에 집중하다 모바일 시장을 놓친 것으로 2016년 4월 전체 인력의 약 11%인 1만2,000명을 감원한 바 있다.

현재 인텔 대부분의 매출은 CPU 관련된 사업에서 나온다. 유진투자증권에 따르면 클라이언트 컴퓨팅이 52%, 데이터센터가 33%를 차지하고 있다. 오랫동안 CPU계의 대표 기업으로 군림했지만 점점 AMD에 점유율을 뺏기는 모습을 보여주고 있다. 특히 2019년도 이후 급격하게 점유율을 뺏기는 모습에 인텔의 주가는 계속해서 하락하는 추세다. 이에 대해 인텔은 전통 사업을 축소하고 고성장 시장에 투자하기 위한 횡보를 이어왔다. 2020년 10월, SK하이닉스에 낸드(NAND) 플래시 부문 사업을 70억 달러에 매각, 2019년에는 스마트폰 모뎀 칩 부문을 애플에 10억 달러에 매각, 2018년에는 임베디드 소프트웨어 사업부인 윈드리버와 2017년 보안프로그램 맥아피 지분 다수를 자산운용사 TPG캐피털에 매각했다.

그동안 인텔은 종합반도체기업을 표방하며, 파운드리 사업은 별도로 하지 않는 전략을 취해왔다. 하지만 2021년 팻 겔싱어(Pat Gelsinger)가 신임 CEO로 부임한 이후, 인텔은 파운드리 시장 진출을 노려왔다. 바로 TSMC, 삼성전자와 같이 반도체를 생산하는 파운드리가 되겠다는 것이다. 2030년까지 세계 2위 파운드리 업체로 도약하겠다고 밝히며 미국 애리조나주와 뉴멕시코주에 모두 435억 달러의 반도체 공장 시설 투자를 진행하고 있다. 2022년 2월에 파운드리 업계 7위 파운드리인 '타워 세미컨덕터'를 54억 달러(6조4,700억 원)에 인수했으며 인텔은 유럽에 파운드리 생태계를 만들 계획을 펼치고 있다. 유럽연합은 2030년까지 전 세계 반도체의 20%를 생산하는 것이 목표인데 인텔은 이를 중요한 기회로 보고 약 340억 달러의 투자를 진행하고 있다.

또한 인텔의 반도체 생산 정책이 과거와 달리 파운드리 기업들과의 적극적인 파트너십을 추구하기 시작했다는 신호가 곳곳에서 포착되고 있다. 인텔은 그동안 대부분의 칩을 직접 생산하고 일부만 외주에 맡겨왔다. 현재 삼성전자 파운드리사업부는 인텔의 PC용 사우스브릿지(PC의 기능 확장을 위해 메인보드에 탑재되는 칩) 등 일부 부품을 위탁생산 중인 것으로 알려졌다.

그동안 인텔이 파운드리 진출을 고민한 데에는 '경쟁사인 인텔에 기업 기밀을 빼앗길 수 있다'는 고객사의 우려를 해소할 방안이 마땅치 않았던 영향도 컸다. 하지만 인텔이 글로벌파운드리와 분리 경영하는 방식으로 시장에 진입할 경우 고객사 확보도 더 수월해질 전망이다.

하지만 이런 인텔의 다각적인 노력에도 불구하고 주력분야인 PC · 서버 부문 실적이 부진으로 2022년 4분기 매출은 전년 동기 31.6%가 감소하여 7억 달러(약 8,598억 원) 규모의 순손실을 기록했다. 2022년 4분기 실적을 발표했을 때 애널리스트들은 "역대급 붕괴", "역사상 최악"이라며 부정적 평가를 내놨다. 이에 인텔이 경쟁력 없는 사업 분야와 채산성이 떨어지는 실험적 사업을 잇달아 정리하고 있다. 경영진의 보수를 삭감하고 영업, 마케팅 그룹 등 일부 부서에서 약 20%의 구조조정 및 사업 정리를 통해 30억 달러(3조 원)를 절감할 계획이라고 밝혔다.

반도체 업계 '슈퍼 을'

반도체 업계에 '소부장' 라는 용어가 있다. 소씨 성을 가진 부장님이 아니라 소재, 부품, 장비의 줄임말이다. 지금은 일반명사처럼 사용하고 있지만 사실 2019년 7월 일본 수출규제로 인해 사회적 화두로 입에 많이 오르내리면서 탄생한 신조어이다.

보통 제품의 가공단계를 원자재 → 중간재 → 최종재 3단계로 나누는데 '소재·부품'은 중간재에 해당한다. 원자재로부터 합성 또는 가공공정을 거쳐 여러 기능과 형상을 가지게 된 제품 또는 물질을 의미한다. '장비'는 소재·부품을 생산하거나 소재·부품을 사용하여 제품을 생산하는 장치 또는 설비를 뜻한다. 소부장은 최종재의 부가가치와 경쟁력을 결정하는 핵심 요소로 작용하고 산업전반에 미치는 전후방효과가 매우 크다. 또한, 소부장은 오랜 시간 축적된 기술력이 기반이 되어야 경쟁력을 가질 수 있다. 흔히 말하는 원천기술의 확보를 위해서라면 소부장이 탄탄해야 한다. 하지만 우리나라는 특정국가에 대한 높은 의존도, 낮은 기술 자립도 등의 고질적인 문제점을 안고 있다.

반도체 업계의 소부장 산업은 미국과 일본이 장악하고 있어 한국 반도체 기업들도 매년 많은 소재와 부품, 장비를 두 나라부터 수입하고 있다. 그런데 미국, 일본의 장비업체도 어쩌지 못하는 회사가 있는데 바로 네덜란드 장비 업체 ASML이다.

ASML은 노광장비를 제작하는 회사이다. 노광장비란 웨이퍼에 빛을 쏴서 회로를 새기는 기계를 말한다. 이 회로가 미세할수록 웨이퍼에서 생산할 수 있는 반도체 칩 수가 많아진다. 웨이퍼 공간은 한정적이기 때문에 이 좁은 공간을 최대한 활용하는 것이 반도체 성능에 영향을 미친다. 그래서 회로를 최대한 얇게, 많이 새겨야 반도체 성능이 좋아진다. 최첨단 반도체를 생산하려면 빛으로 머리카락 5,000분의 1 굵기 이하의 미세한 회로를 그려야 하는데 극자외선(EUV)을 발사하는 노광장비만 가능하다.

글로벌 노광장비 시장은 단 3개의 기업에 전적으로 의존하고 있다. 일본 카메라 제조회사 니콘(Nikon)과 캐논(Canon)도 노광장비를 생산하지만, 성능에서 ASML에 미치지 못한다. 2021년 기준 노광장비 시장에서 ASML은 91%의 시장 점유율을 자랑한다. ASML의 벽은 넘을 수 없을 정도로 압도적이기에 시장에서 2위를 차지하는 니콘은 시장 철수를 계획하고 있고, 3위 캐논역시 반도체 노광장비보다 디스플레이용 노광장비 쪽에 집중하는 것으로 관측되고 있다.

ASML의 노광장비 한 대 가격은 2,000~3,000억 원이 넘는데 일 년에 45대 정도 밖에 생산할 수 없다. 물량이 부족해서 내노라하는 세계 반도체 기업들도 이 장비를 확보하려고 눈에 불을 켜고 있다. 소부장 기업은 반도체 회사에 납품하는 위치여서 통상 반도체 기업이 갑이고 소부장 기업이 을이지만 ASML은 반도체 업계에서 갑보다 힘이 센 '슈퍼 을'로 불린다. 삼성전자, SK하이닉스 뿐 아니라 인텔과 TSMC도 ASML의 주요 고객 중 하나다. 삼성전자는 2020년 1월 ASML에서 EUV 장비 20여대를 구매했는데 계약 금액이 약 4조 원에 달했다.

ASML은 2021년 3분기 연속 매출총이익율 50%를 돌파했다. 2021년 11월에 있었던 '투자자의 날(Investor Day)' 행사에서 2030년 매출 600억 유로(약 81조 원), 매출총이익률 60%를 달성하겠다고 밝혔다. 2028년에는 차세대 극자외선(EUV) 노광 장비 '하이 뉴메리컬 어퍼처(High–NA) EUV' 장비를 20대까지 생산하기로 했다. 2025~2026년에는 EUV 장비를 연간 90대, 심자외선(DUV) 장비를 600대 제조할 계획이다.

ASML 한국지사 본사는 삼성전자 반도체 공장이 있는 경기 화성시에 있다. 또 다른 삼성전자 반도체 공장이 위치한 경기 평택시와 SK하이닉스 공장을 둔 경기 이천시와 충북 청주시에도 ASML 사무소가 있다.

ASML은 화성 동탄2신도시에 1만6,000㎡(약 5,000평), 1,500명을 수용할 수 있는 규모의 반도체 시설을 짓기로 했다. 2024년 12월 입주하는 게 목표다. 한국지사 신사옥과 함께 재제조 센터(Local Repair Center), 심자외선(DUV)·EUV 트레이닝센터, 체

험관(Experience Center)을 꾸린다. 연구개발과 수리부터 시작해 제조까지 한국에서의 사업 영역을 넓히는 것이다. 피터 베닝크 ASML 최고경영자는 한국지사 규모를 10년 안에 2배로 키울 것이라고 말한 바 있다.

이 슈퍼을 ASML이 한국 기업이 될 뻔한 적이 있다. 1982년 삼성전자는 반도체 장비 시장에서 두각을 나타내기 시작하던 ASML의 인수를 제안 받았다. 하지만 당시 ASML은 아직 설립된 지 얼마 되지 않는 신생회사였고 삼성전자도 사정이 넉넉하지 않아 결국 인수를 포기하고 말았다.

다만 삼성전자는 2021년 기준 ASML의 주식 1.5%를 소유하고 있어 의결권이 없는 주식이지만 아직 주주로서의 지위를 가지고 있다. ASML과의 관계나 장비 수급에서도 TSMC, 인텔보다는 유리할 것으로 예상된다.

M&A의 귀재

33

브로드컴(Broadcom)은 미국과 싱가포르에 공동 본사를 두고 있는 유무선 통신 반도체 기업으로 광범위한 반도체칩 및 인프라 소프트웨어 솔루션을 디자인, 설계, 개발 및 공급한다. 원래 미국회사로 1991년 UCLA 교수 헨리 사무엘리와 그의 제자인 헨리 T.니콜라스에 의해 공동 창립되었다. 1998년 나스닥에 상장된 후, 2015년 화교자본으로 운영되는 싱가포르 반도체 기업인 아바고 테크놀로지스에 370억 달러(약 41조 원)에 인수되었다. 인수 이후 막대한 화교 자본이 장악하고 있으며 제품 90%이상이 중국으로 수출되고 있다.

기존 HP반도체 사업부문에서 창립된 아바고 테크놀로지스는 당시 2014년 이미 반도체 시장 15위로 반도체 거대 기업 중 하나로, 브로드컴과 인수합병을 통해 모바일, 스마트폰 시장에 필요한 반도체를 제공하게 되며 퀄컴에 이어 무선통신 반도체 기업 부문 2위가 되었다. 아바고 테크놀로지는 사명을 브로드컴으로 변경하여 브로드컴의 기업명을 그대로 사용하게 되었지만 주식 상장 코드는 아바고 테크놀로지의 AVAGO로 사용하고 있다.

브로드컴은 유무선 통신 분야의 반도체 칩과 다양한 인프라 솔루션을 디자인, 설계 및 개발의 선두 기업으로 분기마다 차이는 있지만 팹리스 시장에서 늘 시장점유율 5위 안에 드는 기업이다. 2020년에는 브로드컴의 2분기 매출이 퀄컴과 엔비디아를 제치고 팹리스 기업 1위로 이름이 오르기도 했다.

브로드컴의 사업모델은 크게 유선인프라, 무선통신, 엔터프라이즈 스토리지와 기타 산업 등 네 가지 분야에 필요한 반도체 제품이다. 유선인프라는 브로드컴 사업의 주축 사업 모델이다. 디지털 위성방송용 수신 장비인 셋톱박스, 케이블 모뎀, 블루투스, 라우터에 필요한 다양한 부품을 제공하고 있다. 우리가 인터넷 TV를 볼 때 사용하는 셋톱박스용 칩셋을 사실상 독점하고 있다. 브로드컴의 와이파이 칩셋은 가장 높은 점유율을 가지고 있으며 시장에 출시된 대부분 고급형 인터넷 공유기에 브로드컴의 제품이 사용되고 있다.

무선통신은 두 번째로 큰 사업모델로 스마트폰에 필요한 무선통신칩을 제공한다. 2021년 애플이 독자 개발을 발표하기 전까지 브로드컴은 애플의 무선 통신칩 주공급자였을 정도로 스마트폰 시장에서 큰 역할을 담당하고 있다.

브로드컴과 퀄컴은 공통적으로 통신 및 반도체 칩을 설계, 생산하고있다. 하지만 브로드컴은 GPS와 블루투스 칩에 강점을 두고 있는 반면 퀄컴은 모바일 프로세서의 강자이다. 2017년 브로드컴은 1,030억 달러(약 164조3,900억 원)에 퀄컴과 인수 합병을 제안하였으나 당시 브로드컴 본사가 싱가포르에 있던 것에 보안 관련 이슈를 제기한 트럼프 행정명령으로 무산되었다.

만약 당시 브로드컴이 퀄컴 인수에 성공했다면 현존하는 테크 기업 중 반도체 칩 최대 기업이 됐을 것이라는 의견이 많다.

브로드컴의 전략무기는 인수합병이다. 브로드컴은 지난 20년간 엔터프라이즈 보안 기업 시만텍(Symantec)을 포함하여 수십 개 기업 인수합병을 통해 약점을 보완하여 오늘날 거대 반도체 기업으로 성장할 수 있었다. 2022년 5월 클라우드 소프트웨어 리더인 VMware를 610억 달러(약 77조 원)에 인수하며 2022년 두 번째로 큰 규모의 인수합병을 성공적으로 달성했다. 마이크로소프트의 블리자드 인수, 델의 EMC 인수 다음으로 큰 기술 기업 인수 합병 사례로 기록될 전망이다. VMware 인수로 브로드컴은 통신칩 부문과 SW 부문 매출 비중이 비슷해져, 한층 안정적인 비즈니스 포트폴리오를 가져가게 됐다. 브로드컴의 반도체 제조, 설계 및 판매를 벗어나 엔터프라이즈 소프트웨어를 제공하는 기업으로 클 수 있는 기회를 가지게 되어 앞으로도 높은 마진을 남길 수 있는 기업으로 자리 잡고 있다.

- **AMD**

만년 2등의 역전

34

한국 반도체 투자자들의 관심사가 십만 전자의 뜻이 이루어지는지 여부에 있다면, 서학개미라 불리는 미국 반도체 투자자들은 CPU 업계 1, 2위를 다투고 있는 인텔과 AMD를 저울질하는 분위기이다. '만년 2등'이라 불리던 AMD는 한 때 '반도체 제왕' 인텔과 어떤 관계일까?

AMD(Advanced Micro Devices)는 미국 캘리포니아주 산타클라라에 본사를 둔 팹리스 기업으로 TSMC에 생산을 위탁한다. 사업 부문은 크게 둘로 나뉘는데 CPU와 GPU 사업에 해당하는 컴퓨팅 및 그래픽(Computing & Graphics) 부문과 엔터프라이즈, 임베디드 및 세미커스텀(Enterprise, Embedded and Semi-Custom) 부문이다. 데이터센터 서버용 칩과 게임콘솔용 칩 등이 후자에 속한다.

프로세서 시장의 '1위는 인텔, AMD는 2인자'라는 인식의 시작은 1970년대까지 거슬러 올라간다. AMD는 1970년대 인텔 CPU 제품을 위탁 생산하는 것으로 '반도체의 길'을 걷기 시작했다. 1978년 인텔이 만든 8086 프로세서가 IBM 컴퓨터에 탑재되면서 그 수요가 증가했다. 이때 인텔은 여러 기업에 8086 프로세서의 위탁생산을 요청했는데 그 기업 중 하나가 AMD이었던 것이다.

AMD는 인텔에게 라이선스를 제공받던 시절부터 프로세서를 개발하면서 x86 아키텍처 부문 경쟁업체로 자리 잡게 되었다. AMD는 1996년 처음으로 자체 프로세서를 출시하고, 이를 기반으로 1999년에 K7 애슬론을 공개했다. 이 제품은 인텔의 동급 CPU보다 성능이 우세하다는 평가를 받았다. 2006년에 이르러서는 AMD가 프로세서 시장점유율의 절반을 차지하게 되었다.

하지만 2011년 인텔의 인텔코어I 시리즈에 밀려 다시 시장에서 입지가 매우 좁아졌다. 2015년 매출이 40억 달러(약 4조 7,820억 원) 아래로 떨어지며 자금난을 겪다 자체 보유한 생산시설을 매각해야 했다. 이때 매각한 생산 라인이 현재 세계 3~4위 파운드리 업체인 '글로벌 파운드리'이며, 이후 AMD는 팹리스 기업으로 전환하게 되었다.

이러한 AMD를 구원한 것은 리사 수(Lisa Su) 최고경영자(CEO)다. 대만 출신으로 미국 매사추세츠공대(MIT)에서 전기공학 석박사 학위를 취득한 그는 텍사스인스트루먼트와 IBM를 거쳐 2012년 글로벌 사업 부문 부사장으로 AMD에 합류했다. 당시 AMD는 매출이 급감하고 순손실이 10억 달러(약 1조1,950억 원)가 넘는 등 경영위기 상황에 처해 있었다. 리사 수는 판매하고 있던 그래픽카드 가격을 낮춰 가성비를 강점을 내세웠다. 이후 콘솔 게임 시장에도 손을 뻗어 기기와 프로세서를 함께 소니와 마이크로소프트에 공급하며 회사를 위기에서 구해냈다. 2014

년 10월 CEO 자리에 오른 그는 게임콘솔 사업으로 벌어들인 수익을 CPU 연구개발에 투입했다. 2017년 CPU 라이젠(Ryzen)을 출시했는데 인텔 제품과 비교해 성능은 비슷하지만 가격은 저렴해 시장에 돌풍을 일으키며 CPU 시장에서 인텔 점유율을 잠식해나갔다. 이후 수 CEO는 데이터센터 시장으로도 진출해 또 하나의 새로운 먹거리를 마련했다. 그의 사업 다각화 전략으로 전체 매출에서 2020년 1분기 80%를 차지하던 컴퓨팅 및 그래픽 사업 부문 비중은 현재 60% 이하 수준을 유지하고 있다. 그만큼 데이터센터 및 세미커스텀 사업이 성장했다.

AMD는 2022년 2월 490억 달러(약 58조6,000억 원) 규모의 자일링스(Xilinx)* 인수도 완료했다. 2020년 10월에 인수 계획 발표 후 미국과 중국 등의 규제 당국으로부터 인수 승인 절차에 시간이 오래 걸렸지만 AMD – 자일링스 인수는 반도체에서 손꼽히는 규모의 인수 거래로 기록되고 있다.

인수 목적은 '데이터센터'용 제품의 경쟁력 강화를 위해서이다. 최근 데이터센터에선 AI를 통한 데이터 처리 성능이 중

---

* 자일링스 : 무선통신, 자동차, 우주항공, 군사통신, 레이더시스템에 사용되는 반도체 개발 기업. 미국 캘리포니아 새너제이에 본사를 두고 있음. 재프로그래밍이 가능한 'FPGA' 반도체를 개발한 점이 주목 포인트

요시되고 있는데 경쟁은 '처리 속도' 쪽에 집중되고 있다. AMD의 데이터센터용 제품은 경쟁사인 인텔이나 엔비디아 제품보다 다소 약하다는 평가를 받고 있다. 이런 상황에서 AI를 통한 데이터 처리 가속 플랫폼 분야에서 선전하고 있는 자일링스를 인수해 단숨에 데이터센터용 제품의 경쟁력을 인텔, 엔비디아만큼 높이겠다는 것이었다. AMD의 예상은 적중해 자일링스 포트폴리오와 매출의 영향으로 임베디드 분야의 매출과 이익이 크게 늘었다. PC 사업 부문의 부진을 메워 글로벌 반도체 업계 불황에도 AMD의 깜짝 실적을 이끌어냈다.

2022년 7월 경기 침체로 인해 주가가 요동치는 가운데 인텔의 저조한 분기 실적으로 인해 AMD의 주가가 3% 상승, 인텔의 주가가 9% 하락하며 처음으로 인텔의 시가총액을 뛰어넘었다. 2023년 2월 11일 종가 기준으로도 AMD의 시총이 1,313억 달러로 1,150억 달러의 인텔을 앞섰다.

AP업계 지각 변동

35

7~8년 전만 해도 저가 AP를 만들던 업체였는데, 어느새 AP 분야 1위, 글로벌 팹리스로 올라선 업체가 있다. 바로 미디어텍(MediaTek)이다. 미디어텍은 대만 파운드리인 UMC에서 컴퓨터 CD드라이브용 LSI(고밀도 집적회로)를 설계하는 곳이었다가 1997년 분사했다. 그때만 해도 대만의 작은 팹리스 중 한 곳에 불과했다.

미디어텍은 창업 때부터 기술이 바뀌는 시점에서 새 기술을 선점해 시장을 장악하는 전략을 구사했다. 당시는 광디스크 시장이 CD에서 DVD로 바뀌는 중이었다. 당시 업계 1위였던 일본 도시바는 DVD 드라이브에 필요한 여러 칩을 따로 팔았다. 미디어텍은 영상 재생용 칩과 모터 제어 칩 등을 묶어 완제품에 가깝게 제공했다. 일본 부품을 각각 사는 것보다 가격도 저렴하고, 고객사의 시스템 개발 수고를 덜어준 게 주효했다. 2000년대 중반 미디어텍은 DVD용 칩 세계 시장의 50%를 석권하면서 도시바를 밀어내고 1위 기업이 되었다.

DVD 드라이브 시장을 제패한 미디어텍은 2004년 중국 피처폰용 칩 시장에 진출했다. 처음엔 저가 · 저성능 위주였다. 다만 기존 업체는 통화 기능밖에 없는 제품을 팔았지만, 미디어텍은 동영상 · 음악 재생이 가능한 다기능 칩을 경쟁사와 비슷한 값에 팔았다. 결과는 성공했고 2008년 휴대폰 칩이 자사 매출의 50%를 넘게 된다.

미디어텍은 여세를 몰아 TV · 무선통신 칩셋에 차례로 진출해서 2002년 이후 7년 만에 4배 성장했다. 2007년 아이폰이 등장하면서 스마트폰 시장의 포문이 열렸고, 미디어텍은 2011년 스마트폰 AP 시장에 뛰어들었다. 전 세계 반도체 순위에서 2013년 14위, 2012년 18위 를 차지했는데 2013년에 30% 이상 성장하였다. 2020년 이후에는 5G 통신 규격 변화에 가장 빨리 대응했다. 전 세계 스마트폰 고객사가 원하는 5G 칩셋을 가장 빨리 싼값에 믿을 만한 품질로 제공한 것이다.

미디어텍이 4G 시대엔 퀄컴을 이기지 못했지만, 고가부터 중저가까지 5G 스마트폰용의 다양한 AP와 관련 반도체군(群)을 개발해 오포(OPPO) · 비보(Vivo) · 샤오미 등 중국의 거의 모든 제조사 5G폰 물량을 장악했다. 2020년 말 퀄컴을 누르고 AP 분야 1위에 등극했다. 2021년 2분기에는 점유율 43%로 전 세계 스마트폰 10중 4대는 미디어텍 AP가 들어가는 수준까지 갔으며 5G 모뎀 점유율도 삼성전자 엑시노스를 제치고 2위를 달성했다.

미디어텍의 대표 제품은 2015년 출시한 헬리오(Helio)와 2019년 말에 발표한 디멘시티 (Dimensity)이다. 헬리오는 중저가 모델에, 디멘시티는 플래그십 모델에 주로 탑재된다. 2021년 말에 Geekbench* 5 기준, Dimensity 9000의 CPU가 더 고가인 엑시노스 2200과 스냅드래곤 8 Gen 1을 상대로 전성비**와 절대 성능 모두 앞서는 결과를 보여주었다. GPU의 경우 스냅드래곤 8 Gen 1 대비 성능이 10% 가량 처지지만 CPU 기준으로 봤을 때 미디어텍이 삼성과 퀄컴을 모두 이긴 성능을 보여줬다는 것만으로도 의미 있는 성과인 셈이다.

전문가에 따르면 미디어텍이 경쟁에서 승리한 이유는 공급자가 아닌 고객 이익에 집중했기 때문이라는 견해가 있다. 칩셋 뿐 아니라 소프트웨어, 검증된 레퍼런스 보드(칩셋과 관련 부품을 기판에 꽂아 실제로 동작하게 한 것)를 묶어 제공하는 '토털 솔루션'에 있다는 것이다. 이 솔루션을 사용하면 시스템 기술력이 낮은 중국 업체도 최신 스마트폰을 값싸고 빠르게 개발할 수 있다. 중국 신흥 가전·휴대폰 업체들이 빠르게 성장한 데는 미디어텍의 이런 종합 기술 지원이 큰 역할을 했다.

---

* Geekbench : Primate Labs에서 만들고 서비스중인 벤치마크 툴. Windows, macOS, iOS와 안드로이드까지 크로스 플랫폼을 지원하기 때문에 여러 기기의 성능을 비교할 때 적절하다.

** 전성비 : 일정 전력당 얼마만큼의 연산을 하는가에 대한 상대적 지표. 주로 CPU, GPU에 쓰인다.

PART

IV

반도체 산업 및 시장 조망

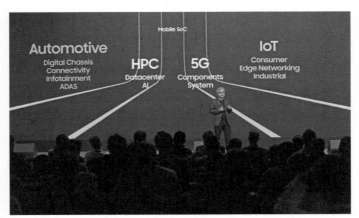

미국 실리콘밸리에서 열린 '삼성 파운드리 포럼 2022'에서 파운드리사업부장 최시영 사장이 발표를 하고 있는 모습.

● 반도체 슈퍼사이클

업앤다운의 흐름

36

슈퍼사이클은 원자재 시장에서 유래한 용어로, 장기 가격 상승 추세를 의미한다. 해당 업종이 시장에서 저평가 받거나 적은 규모였다가 공급이 늘어나거나 시장에서 좋은 평가를 받으면 발생한다. 사이클 상승 국면, 반도체 가격, 시장 규모, 영업이익률 등 다양한 기준을 가질 수 있다. 반도체 슈퍼사이클은 대체로 4~5년을 주기로 2여 년간 이어졌다. 이승우 유진투자증권 센터장은 슈퍼사이클을 "2년 연속으로 반도체 평균 판가가 올랐을 때"로 정의한다.

반도체 슈퍼사이클은 디지털 기기의 발달과 수요가 함께 어우러져 과거에도 발생했다. 과거 슈퍼사이클이 몇 차례 있었는지는 전문가에 따라 견해가 조금씩 다르다. 지난 30여 년간 4차례가 지나갔다고 보기도 하고, 2차례를 경험했다고도 한다. 공통적으로 언급되는 시기는 PC 수요가 폭발적으로 증가하던 1994~1995년과 AI · 자율주행차 · 사물인터넷 등 4차 산업 혁명 초입단계로 진입하던 2017~2018년이다. (그 외 인터넷 대중화로 인한 서버 수요가 증가하던 2000년대 중반과 아이폰을 시작으로 한 스마트폰 대중화가 시작된 2010년대 초반을 포함하기도 한다.)

업계 관계자에 따르면 2017~2018년 슈퍼사이클 당시 업계 영업이익률이 삼성전자 기준 74%, SK하이닉스는 50%대까지 올라간 경험이 있다고 한다. 안기현 반도체산업협회 상무는

2018년까지 경험한 슈퍼사이클 때는 1년에 60%씩 성장했다고 말했다. 특히 SK하이닉스 직원들은 2017년과 2018년 각각 연봉의 70%와 75%를 성과급으로 받았다. 통큰 성과급과 더불어 신입사원의 연봉도 1억 가까이 책정되어 화제가 되었다.

2020년 들어서면서부터 시작한 슈퍼사이클은 코로나19로 인한 비대면 경제가 활성화되면서 PC · 노트북 · TV 등 IT 제품 수요 증가를 주요 요인으로 꼽는다. 온라인 동영상 서비스(OTT)가 전 세계적인 인기를 끌면서 인터넷 클라우드 사업이 성장한 점도 데이터 센터 구축와 서버 수요를 견인했고 그 외 주식시장 및 가상화폐 시장 활성화가 영향을 끼쳤다.

하지만 2020년 이후 맞이한 슈퍼사이클은 예전과 다른 양상을 보인다. 2021년 하반기부터 D램 가격의 상승세가 꺾여 슈퍼사이클이 역대 최단으로 끝나는 것이 아니냐는 뉴스가 흘러나왔다. 2022년 한 해 동안 호황에서 불황으로 급격히 바뀌었다. 2022년 1분기 실적은 반도체산업 최대 호황기였던 2018년 1분기를 넘어서거나 비슷했고 2분기까지 실적은 양호했으나 하반기부터는 실적감소와 적자를 보이는 기업이 생겨났다. 수요가 감소세로 돌아서며 침체기를 맞이하고 있는데, 메모리뿐만 아니라 파운드리, 팹리스까지 한파가 몰아치는 것이다.

미국 반도체산업협회(SIA)에 따르면 2022년 9월, 2020년 1

월 이후 2년 8개월 만에 처음으로 세계 반도체 판매 금액의 감소를 기록했는데, 이를 기점으로 2022년 전 세계 반도체 시장 매출은 한 자릿수 성장, 2023년에는 역성장으로 전망했다. 세계반도체시장통계기구(WSTS)는 2022년 전 세계 반도체 시장이 전년 보다 4.4% 증가한 5천801억 달러로 발표했다. 이는 2021년 반도체 매출이 26.2% 성장한 것과 대비되는 수치이다.

반도체 업계와 증권가에서는 2023년 3분기 이후 업황 반등을 기대하고 있다. 유안타증권은 "2023년 하반기 중 계절적 성수기에 따른 재고 재축적 수요와 공급 제한 효과가 발현되면서 반도체 업황이 완연하게 개선될 것으로 예상된다"고 밝혔다.

이제는 반도체 슈퍼사이클을 판단하는 기준이 적합하지 않다는 주장이 나온다. 김양팽 산업연구원 연구위원은 예전과 같은 사이클이 더 이상 나타나기 힘든 이유를 다음과 같이 설명했다. 과거에는 무어의 법칙에 따라 2년마다 반도체 용량이 2배씩 증가하여 전자업체들은 그에 맞춰 신제품을 개발하고, 메모리반도체 수요도 함께 증가했다. 즉 메모리반도체 기술이 사이클을 주도한 것이다. 하지만 이제는 공정이 미세화하면서 단기간에 기술을 높이는 것이 어려워졌고, 전자업체들도 새 반도체 제품을 기다리지 않고, 신제품을 개발한다. 제품군도 다양해졌다. 언제 어디서 수요가 발생할지 알 수 없다는 것이 주요한 원인이라고 밝혔다.

　더 이상 과거의 슈퍼사이클 주기를 잣대로 메모리반도체 시장을 전망해선 안 된다는 얘기다. 같은 맥락에서 4~5년 주기로 나타나는 메모리반도체 슈퍼사이클을 과거와 다르게 해석해야 한다는 주장도 나온다. 업계 관계자는 표면적으론 4~5년 주기였지만 2017년 이미 10~20년 주기의 슈퍼사이클이 시작됐고, 그 안에서 회복기와 침체기의 부침이 반복되고 있다고 의견을 냈다. 2021년 호황을 맞았든, 2022년 불황을 맞든 큰 틀에선 '슈퍼사이클 범주' 안에 있다는 의미다.

어두운 업황

37

2018년 반도체 호황 이듬해였던 2019년 이후 4년 만에 반도체 시장 규모가 줄어들게 됐다. 세계반도체무역통계기구(WSTS)는 2023년 세계 반도체 시장 규모가 전년 대비 4.1% 줄어든 5,565억 달러(약 734조7,400억 원)에 머물 것이라고 전망했다. 2021년 26.2%의 높은 성장세를 보였지만, 2022년 성장은 4.4%로 둔화하고 2023년엔 오히려 쪼그라들 것이란 얘기다. 지역별로는 미주, 유럽, 일본, 아시아·태평양 지역 등 세계 여러 지역 가운데 여전히 코로나19 대유행 여파로 허덕이는 중국이 포함된 아시아·태평양 지역이 역성장(7.5%)해 시장 부진을 이끌 것으로 예상됐다. 다른 기관들도 비슷한 전망을 내놓고 있다. 가트너는 2023년 반도체 시장이 3.6% 역성장, 대만 공업기술연구원도 3.6% 감소할 것으로 보고 있다.

반도체 업계 업황 부진은 삼성전자와 SK하이닉스 등 한국 기업이 점유율 1·2위를 차지하는 메모리 반도체에 집중될 것으로 보인다. 2023년 메모리 반도체 시장이 세계반도체무역통계기구는 17%, 옴디아는 17%, 가트너는 17.3%, WSTS는 17% 역성장할 것으로 전망했다. 주요 원인으로 가파른 수요 감소, 가격 하락, 높은 재고 수준 등을 보고 있다. 2022년 4분기 초 스마트폰 기업의 D램 재고는 6~8주, PC 제조사의 D램 재고는 10~14주, 미국 초대형 데이터센터 운영기업의 D램 재고는 11~13주 물량으로 추정된다.

● 메모리반도체 시장규모 전망

단위: 억 달러

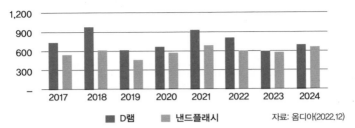

자료: 옴디아(2022.12)

● 메모리반도체 CAPEX

단위: 억 달러

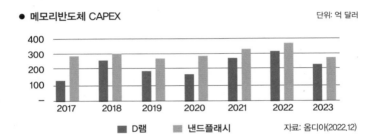

자료: 옴디아(2022.12)

　2023년 중반부터 반도체 구매가 회복되면서 수요가 개선
될 것으로 기대하지만 경제성장률 둔화 등으로 큰 폭의 수요회
복은 기대하기 어려울 것으로 예상된다. 이에 주요 반도체 기
업은 공급과잉 해소를 위해 CAPEX* 하향 조정, 웨이퍼 투입량

---

* CAPEX (Capital Expenditures) : 자본적 지출이라고도 하며 미래의 이윤 창출, 가치
　의 취득을 위해 지출된 투자 과정에서의 비용을 말한다.

축소, Tech Migration 속도 조정, 저부가 제품 감산 등을 발표했다.

D램 가격은 2023년 4분기까지 하락하고 낸드플래시 가격은 2023년 3분기에는 반등할 것으로 예상된다. 2023년 상반기는 2022년 연말 성수기의 부진한 IT기기 수요 등으로 상당한 규모의 IT 완제품과 반도체 재고가 축적되면서 메모리반도체 가격은 큰 폭으로 하락할 전망이다. D램 가격은 2022년 4분기 2.20달러에서 2023년 4분기 1.76달러까지 하락하고, 낸드 가격은 2022년 4분기 4.56달러에서 2023년 4분기 4.54달러로 예상된다. 2023~24년 낸드플래시 시장 규모가 D램 시장에 육박할 것이란 전망이 나오는 것은 다만 낸드플래시 시장 성장에 따른 요인보다 D램 가격 하락이 더욱 가파르게 진행되고 있는 데 따른 반사효과로 풀이된다.

시스템반도체 시장은 2020~2022년에 전년 대비 두 자릿수 증가한 영향 등으로 2023년 성장률은 둔화되나 성장세는 지속할 것으로 예상된다. 5G, IoT, AI, 자동차 등의 수요 증가로 2022년 대비 4% 성장이 예상된다. 시스템 반도체는 팹리스와 파운드리가 분리된 구조이며 팹리스 기업은 수요둔화, 재고 증가 등으로 2023년 상반기까지 재고 조정 예상된다. 퀄컴과 엔비디아의 2022년 3분기 재고 자산은 전년 동기 대비 각각 96%, 104% 증가했다. 2021년도 한국의 시스템반도체 시장점유율은

● 시스템반도체 시장규모 전망　　　　　　　　　　　　　단위: 억 달러

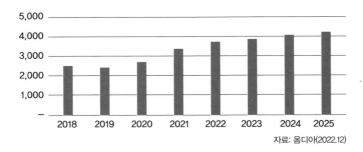

자료: 옴디아(2022.12)

3%로 메모리반도체 대비 한국의 시스템반도체 경쟁력은 낮은 상황이다.

　2023년 파운드리 시장 규모는 전년 수준을 유지할 전망이다. 2022년 글로벌 파운드리 시장은 가격 인상, 생산능력 확대 등으로 전년 대비 28% 성정한 1,382억 달러로 추정된다. 파운드리는 지난 2년간 호황을 누렸으나 인플레이션 등으로 인한 IT기기 수요 감소 등으로 2022년 하반기부터 8인치 웨이퍼와 성숙 공정 팹 중심으로 가동률이 하락하고 있다. 2023년 파운드리 시장은 주문 감소 등에도 불구하고 최신 공정 수요증가 등으로 전년 수준을 유지하나 예상보다 경제상황 악화시 소폭 역성장할 전망이다.

　파운드리 수요의 50% 이상을 차지하는 모바일, HPC(High

● 파운드리 시장규모 전망 단위: 억 달러

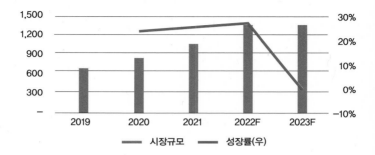

시장규모 ▬ 성장률(우)

Performance Computing) 수요 감소, 반도체 재고 조정 등으로 2023 년 상반기 가동률은 하락할 것으로 추측된다. 이에 TSMC는 7나 노 이하 공정의 한 자릿수 가격 인상을 추진하며, 다수 파운드리 는 가격 동결 또는 인하를 통해 매출 하락을 방지할 계획이다.

용호상박 절대강자

38

반도체 업계 매출 1위 기업은? 1위 자리는 몇 년 째 삼성전자와 인텔의 용호상박이었다. 2017년~2018년 삼성전자, 2019년~2020년 인텔, 2021년~2022년엔 다시 삼성전자가 1위를 차지했다. 메모리반도체 1위 삼성전자와 CPU 전통 강자 인텔이 시장 호황에 따라 그 순위가 엎치락뒤치락 한 것이다.

2023년 1월 가트너는 삼성전자가 2년 연속 글로벌 반도체 1위에 올랐다고 집계했다. 가트너가 이때 발표한 2022년 세계 반도체 판매 매출 예비 조사에 따르면 삼성전자는 655억8,500만 달러(약 81조893억 원)의 매출을 올렸고 시장 점유율은 10.9%를 차지했다. 2위 인텔의 매출은 583억7,300만 달러(약 72조2,191억 원)로, 점유율은 9.7%로 집계됐다. 3위인 SK하이닉스 매출은 362억2,900만 달러(약 44조8,225억 원)였다. 다만 반도체 시장 불황으로 1위~3위를 차지한 삼성전자와 인텔, SK하이닉스 모두 2022년 매출이 전년도 대비 각각 10.4%, 19.5%, 2.6% 감소했다.

그런데 이 결과를 보면서 의문을 표시하는 분들도 있을 것이다. 앞서 TSMC가 매출 1위라고 보았는데 왜 1~3위 순위 안에 들어있지 않은지 말이다. 가트너는 이 조사에서 자사 브랜드로 반도체를 판매하는 곳만 대상으로 했다. 팹리스와 IDM가 아닌 파운드리를 전문으로 하는 TSMC는 집계 대상이 아니었다.

TSMC를 포함하면 글로벌 반도체 업계 매출 순위에 변동이

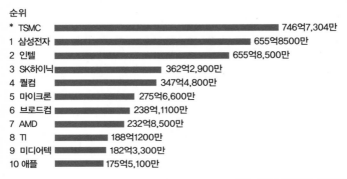

● 2022년 전세계 매출 상위 10대 반도체 업체 　　　　단위: 달러

순위

* TSMC	746억7,304만
1 삼성전자	655억8500만
2 인텔	655억8,500만
3 SK하이닉스	362억2,900만
4 퀄컴	347억4,800만
5 마이크론	275억6,600만
6 브로드컴	238억,1100만
7 AMD	232억8,500만
8 TI	188억1200만
9 미디어텍	182억3,300만
10 애플	175억5,100만

자료: 가트너 / TSMC는 자체 집계

생긴다. 삼성전자의 반도체 매출은 2022년 3분기에 이어 4분기까지 2개 분기 연속 TSMC에 뒤졌다. 삼성전자와 TSMC는 3분기 반도체 매출이 각각 23조230억 원, 26조524억 원으로 집계됐다. 4분기의 경우 삼성전자는 약 19조 원으로 추정되고, TSMC는 25조5,404억 원을 기록했다. 삼성전자의 주력 품목인 메모리반도체 시장이 2022년 하반기부터 불황을 겪었지만 비메모리인 파운드리 시장은 상대적으로 견조했기 때문이다.

　　세계 파운드리 시장 점유율은 2022년 3분기 기준 대만 TSMC가 59%로 압도적인 1위를 차지하고 있다. 그 뒤를 삼성전자(12%), 대만 UMC(7%), 미국 글로벌파운드리(6%), 중국 SMIC(6%) 등이 따르고 있다.

〈표〉 세계 파운드리 시장 점유율

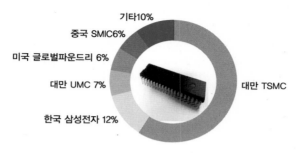

기타10%

중국 SMIC6%

미국 글로벌파운드리 6%

대만 UMC 7%

한국 삼성전자 12%

대만 TSMC

자료; 옴디아, 카운트포먼트리서치

산업연구원은 미래전략산업 보고서에서 현재 대만과 한국 위주인 세계 파운드리 시장이 3년 내 대만·한국·미국 경쟁 구도로, 5년 후에는 일본까지 가세한 4개국 경쟁 구도로 바뀔 것이라고 내다봤다. 이 보고서에 따르면 현재 전 세계에 공급되는 10나노 미만 반도체의 90%가 대만에서 만들어진다. 대만이 전체 시장을 주도하는 가운데 유일하게 한국이 도전하고 있는 형국에서, 미국과 일본이 가세해 세계 반도체 산업 분업 구조가 바뀌게 된다는 얘기다.

팹리스 기업의 매출 순위를 살펴보면 2022년 3분기 기준 퀄컴 1위, 브로드컴 2위, 엔비디아, AMD, 미디어텍이 3위부터 5위까지 차지하고 있다. 미디어텍을 제외하면 모두 미국 기업이다.

글로벌 합종연횡

39

칩4(Chip4)는 반도체 분야에서 중국의 발전을 견제하기 위해 바이든 미국 대통령이 제안한 미국, 일본, 한국, 대만 4개국 간의 반도체 동맹을 말한다. 미국이 자국 주도 하에 한국, 대만, 일본과 반도체 협업 체제를 강화하기 위해 맺고자 하는 동맹이다. 미국식으로는 팹4(Fab4)로 표기한다. 미국은 반도체 설계기술 및 장비, 한국은 메모리, 대만은 파운드리, 그리고 일본은 장비 분야에 강점을 가지고 있다. 'Chip4' 4개국은 전 세계 반도체 장비의 73%, 파운드리의 87%, 설계 및 생산의 91%를 장악하고 있다. 미국이 팹리스 주도권을 쥐고 있으니 그 경쟁력은 유지하되, 파운드리 강자 대만과 메모리 강자 한국, 주요 기술국가 중 하나인 일본과의 동맹을 통해 자국 반도체 경쟁력을 높이겠다는 목적이다.

국가 간 반도체 경쟁이 치열해지고 있고, 이건 우리에게도 예외는 아니다. 바이든 행정부는 한국에 칩4 동맹 결성을 처음 제안한 것은 2022년 3월이며, 2022년 8월 말까지 동맹 참여 여부를 알려줄 것을 재차 요구했다.

우리 정부는 같은 해 12월 초까지 참여 결정을 내리지 않았다. 우리나라가 고심했던 이유는 이 동맹에 중국이 빠져 있기 때문이다. 미국은 현재 중국 경제와 기술 전반에 제재를 가하고 있다. 이번 칩4 동맹의 경우도 마찬가지이다. 칩4 동맹 자체는 미국의 경쟁력을 강화하는 것을 주요 목적으로 하지만, 중국 반도체 시장을 견제하기 위한 목적도 포함돼 있는 셈이다. 결국 우리나라가 칩4 동맹에 가입하게 된다면, 중국과의 교역에 차질이 생길 수 있음을 의미했다.

우리나라의 칩4 동맹 가입 여부를 두고, 업계에서도 의견이 분분했다. 반대 입장부터 먼저 살펴보면, 우리나라 반도체 산업은 중국과 밀접한 연관이 있다. 우선 삼성전자와 SK하이닉스는 중국 시안, 우시 등지에서 반도체 생산라인을 가동하고 있다. 삼성전자가 생산하는 낸드플래시 중 40%가, 하이닉스의 D램 절반 가량이 중국에서 생산되고 있는 것이다.

중국이 본격적으로 견제에 나설 시 현지 생산라인이 얼마나 타격을 입게 될 지는 지난 2017년을 살펴보면 대략 짐작할 수 있다. 지난 2016년 한국이 종말단계고고도지역방어(THADD, 사드) 미사일을 배치하기로 결정했다고 발표한 이후, 중국은 우리나라를 대상으로 여러 보복 조치를 취했다. 중국에 공장을 두고 있던 기업은 현지 공장 건설을 중단하거나, 베트남 등지로 이미 가동하고 있던 공장을 이전하기도 했다. 일각에서는 반도체 부문에서도 비슷한 상황이 일어날 수 있다고 우려하고 있는 것이다.

한국의 칩4 참여가 불가피하다는 입장에는 반도체 설계는 미국이, 장비는 일본 네덜란드 등 미국의 우방국이 장악하고 있는 상황도 무시할 수 없기 때문이다. 한국은 반도체 생산에서 경쟁력이 있지만 설계와 장비 부문에서는 경쟁력이 떨어진다. 이런 상황에서 미국 주도의 칩4에 참여하지 않으면 한국의 반도체산업 발전에 차질이 빚어질 수 있다는 것이다.

한국이 미·중 사이에서 '줄타기'를 하고 있다는 지적이 있던 가운데 이창양 산업통상자원부 장관은 2022년 12월 열린 한경 밀레니엄포럼에서 칩4를 배제하지 않고 참여해서 우리 이해를 충분히 반영할 것으로 밝혔다. 또한 한국의 메모리 반도체, 대만의 파운드리, 미국의 장비 기술, 일본의 소재·부품 등의 강점이 잘 어우러지면 반도체 공급망을 강화해나갈 수 있는 이점이 있다고 언급했다. 칩4에서 다뤄질 주제는 인력 양성, 기술개발 협력, 정보 교환 방안 등이며 개별 국가에 방해되지 않도록 디자인 중이라고 덧붙였다. 이 행사에서 칩4 참여에 대한 정부의 의견을 처음으로 밝혔지만 2023년 2월까지 한국 정부는 아직 칩4 동맹 참여를 공식화하지 않고 있다.

『이코노미스트』는 "최근 미국이 중국을 겨냥해 결성을 추진하고 있는 칩4 동맹에 참여하는 한국·일본·대만 등 아시아 국가들이 서로 경쟁 관계로 '동맹'을 결성하기가 쉽지 않을 것"이라고 보도했다. 이창양 산업통상자원부 장관은 국회 경제 분야 대정부 질문에서 "칩4는 동맹이 아닌 협력체로 미국의 대중 반도체 수출통제와는 별개의 사안으로 보고 접근하고 있다"고 말했다. 이 장관은 "칩4가 반도체 공급망 강화, 기술개발, 인력 양성, 정보 공유 협력 채널"이라고 설명했다.

심화되는 수출 편식

40

반도체는 언제부터 대한민국의 수출 효자 상품이었을까? 2010년 처음으로 반도체 수출이 선박과 석유제품 등을 추월하면서 반도체가 한국의 수출 1위 품목으로 두각을 나타내기 시작한 이후 2013년부터 현재까지 1위를 유지하고 있다. 2017년 반도체 수출이 전체 수출에서 차지하는 비중이 17.1%를 넘어선 이후 슈퍼사이클을 맞았던 지난 2018년 9월은 24.8%까지 올랐다. 이듬해 미중 무역분쟁 격화로 16.4%까지 하락하는 등 부침을 겪기도 했으나 최근까지 매년 약 20% 수준으로 한국의 수출을 견인하고 있다. 한국 전체 수출 가운데 반도체가 차지하는 비중은 19% (1,292억 달러)에 달한다.

또한 글로벌 반도체 시장에서는 2013년부터 한국의 시장 점유율이 일본을 추월하면서 2위로 부상하였고 현재까지도 이어지고 있다. 디지타임스에 따르면 전 세계 반도체 국가별 매출 집계에서 1위는 칩 설계 강국인 미국이 차지하고, 한국이 2위, 3위가 대만, 4위는 유럽, 일본은 5위에 머물렀다. 특히, 메모리반도체는 한국의 세계 시장 점유율이 약 60%로 압도적으로 높다. 한국의 반도체산업은 내적으로는 한국의 수출을 견인하고 있으며, 외적으로도 세계 시장에서 커다란 영향력을 미치는 수준으로 성장한 것이다.

한국은행이 발표한 『산업 의존도 요인 분해를 통한 우리

경제 IT산업 의존도 평가』 보고서에 따르면 2019년 기준 수출 의존도 1위는 반도체 (17.9%), 2위 자동차 (12.2%), 3위 석유화학 (11.3%), 4위 철강 (8.1%), 5위 디스플레이 (5.6%), 6위 조선 (3.9%), 7위 휴대폰 (3.4%)이 차지했다. 반도체를 제외한 나머지 항목들은 2009년 대비 비슷하거나 그 비중이 감소한 반면 반도체는 10년 사이 9% 포인트 급등했다.

2022년 반도체 수출은 전년 1,003억 달러 대비 1.7% 증가한 1,309억 달러로 역대 최대 반도체 수출실적을 기록했다. 반도체 수출물량지수*는 2019년 200을 기록했고 2022년 3분기 353까지 올랐다.

반도체 수출은 메모리반도체 비중이 압도적으로 높았으나 2022년에는 시스템반도체 수출 비중이 38%로 증가했다. 시스템반도체 수출은 파운드리 업황 호조 및 경쟁력 향상이 주요원인이면서 미중갈등으로 인해 한국 파운드리 이용증가가 주요원인으로 작용했다. 그러나 전년과 다르게 2023년 반도체 수출은 전년대비 11.5% 감소한 1,159억 달러 내외로 예상된다. 2023년 반도체 수출은 예상보다 가파르게 악화되는 메모리반

---

* 수출물량지수 : 무역지수 중 수출물량 변동을 나타내는 것으로 우리나라 수출상황을 파악하는데 활용되는 지표. 2010년을 100으로 잡는다.

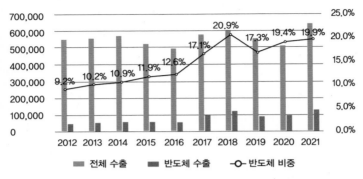

〈표〉 한국 수출에서 반도체가 차지하는 비중

자료; 한국무역협회. 2022

도체 수요와 가격, 반도체 기업과 수요기업의 높은 반도체 재고 등으로 인해 수출이 큰 폭으로 하락하여 메모리반도체 재고 조정은 2023년 상반기까지 나타날 전망이다.

반도체가 한국의 최대 수출 품목인 만큼 반도체 수출의 급감이 전체 수출을 끌어내리고 무역수지 방어도 어렵게 만드는 양상을 보인다. 2000년 이후 대중 수출 비중이 가장 많이 늘어난 산업은 반도체였다. 2021년 반도체 산업의 대중 수출 비중은 39.7%로 2000년(3.2%)과 비교하면 36.5%p 상승했다. 20여 년 새 비중이 12.4배 늘어난 셈이다.

우리나라의 반도체 수출 중 중국 비중은 40% 안팎(2022년 기준 40.3%)에 이를 정도로 크다. 이런 대중국 반도체 수출이 2022

년 9월까지 16개월 연속 40억 달러(약 5조 원)대를 유지하다가 10월 22.0%의 큰 감소폭을 보인 뒤 넉 달 연속 감소했다. 반도체 최대 수출시장인 중국에서 46.6% 감소했다.

보릿고개 넘기 전략

41

2022년 하반기부터 반도체 업계는 슈퍼다운사이클에 진입한다는 기사가 많이 보도되었다. 마이크론의 실적 발표에서부터 반도체 업황 분위기가 감지되었는데, 마이크론의 분기 실적 발표는 반도체 업계에서 가장 빨라 업계의 실적 풍향계로 불린다. 시장 상황이 가장 먼저 반영된 실적이라는 것이다. 마이크론이 발표한 2023년도 회계연도 1분기 실적 전망도 최근 5년간 가장 낮은 수치였다. 산제이 메호로트라 마이크론 최고경영자(CEO)는 팹 설비투자를 50% 감축하는 등 반도체 공급 확대를 줄이기 위한 조치에 들어갔다고 설명했다.

SK하이닉스도 2022년 4분기 실적 발표에서 10년 만에 분기 적자를 기록했음을 발표했다. 이로 인해 투자 규모를 2022년 대비 절반으로 줄이고, 성장성 높은 시장에 집중해 업황 악화로 인한 타격을 최소화하겠다는 방침을 밝혔다.

삼성전자는 지난 2019년 '시스템반도체 비전 2030'을 내놓으며 시스템반도체 분야에만 2030년까지 133조 원을 투자한다는 계획을 발표했고, 2021년에는 기존 계획에 38조 원을 더해 총 171조원을 투입하겠다고 밝힌 바 있다. 하지만 2022년 4분기 반도체 사업 영업이익이 전년보다 약 97% 감소하는 '어닝 쇼크'(실적 충격)를 기록했다.

SK하이닉스, 키옥시아, 마이크론 등 주요 경쟁사들이 설비

〈표〉주요 메모리 기업의 CAPEX 및 감산 계획

기 업	2023년 CAPEX	감산 계획
삼성전자	D램 CAPEX는 전년 대비 15%, 낸드플래시는 전년 대비 12% 축소 전망	인위적 감산 계획은 없으나 공정전환 지연 등으로 소폭 감소할 것으로 기대
SK하이닉스	설비투자를 전년 대비 50% 감축	D램과 낸드플래시 구공정 중심으로 감산
마이크론	설비투자를 전년 대비 50% 감축	D램과 낸드플래시 웨이퍼 투입량을 20% 축소
키옥시아	-	2022년 10월부터 웨이퍼 투입량 30% 감축

자료: 주요 뉴스 취합, 옴디아

투자를 연기하거나 생산량을 줄였기에 삼성의 입장에 관심이 쏠렸다. 이에 삼성전자는 실적 악화에도 삼성전자는 웨이퍼 투입량을 줄이거나 설비투자 규모를 줄이거나 생산라인을 멈추는 등의 '인위적 감산'은 하지 않는다는 기존 입장을 지켰다. 또한 중장기 수요 대응을 위한 인프라 투자를 지속하기 위해 자회사 삼성디스플레이로부터 20조 단기 차입함을 공시했다. 삼성이 감산에 동참하지 않음으로써 반도체 혹한기에 후발 주자와의 격차를 벌릴 가능성도 점쳐진다.

　　다만 미세공정 전환, 생산라인 재배치에 따른 자연적인 생산량 손실은 있을 수 있다고 시사했다. 또 일부 설비투자가 2022년 4분기부터 미뤄지면서 자연스럽게 신규 생산능력 증설이 미뤄지고 있는 것으로 알려졌다. 옴디아에 따르면 2022년 4분기부터는 D램, 낸드플래시 투입량도 일부 줄어든 것으로 나타났다.

삼성전자의 생산능력 감산 여부가 주목받는 이유는 반도체는 업다운(Updown)이 주기적으로 반복되는 사이클 산업이기 때문이다. 통상 반도체 기업들은 수요가 부진하면 공급량을 조절하는 식으로 대응했다. 세계 메모리 반도체 시장점유율 1위인 삼성전자가 공급량 조절에 나설 경우 전 세계 수요공급에 직접적인 영향을 미치기도 한다.

메모리 반도체의 상황은 좋지 않지만 TSMC는 미국 애리조나주에 대한 반도체 투자 규모를 기존의 3배 이상 늘려 추가로 반도체 생산 시설을 짓겠다고 발표했다. 2022년 12월 CNBC에 따르면 TSMC는 미국 애리조나주에 120억 달러(약 15조8,400억 원)로 예정된 투자 규모를 400억 달러(약 52조8,200억 원)로 확대한다는 내용을 조 바이든 미국 대통령과 공동 발표했다. 이는 외국 기업의 미국 내 투자 중 역대 최대 규모다.

애리조나 반도체 1공장은 2024년 양산에 들어가며 추가로 설립할 2공장은 2026년부터 가동되며 반도체 제조 공정 중 최첨단 기술인 3나노미터 반도체를 생산하게 된다. TSMC 공장 가동이 시작되면 미국 연간 수요인 60만 웨이퍼 이상의 첨단 칩을 생산하여 미국이 더 이상 반도체 공급을 다른 국가에 의존하지 않아도 될 것으로 전망했다.

팀 쿡 애플 최고경영자(CEO) 역시 TSMC의 애리조나주 피닉스 공장 기공식에 참여하여 앞으로 반도체에 자랑스럽게 '메이드 인 아메리카' 도장을 찍을 수 있게 되는 매우 중요한 순간이라고 말했다.

앞서 바이든 대통령이 2022년 8월 반도체 기업의 미국 투자를 장려하기 위해 '반도체 · 과학법'(Chips and Science Act)에 서명한 뒤 미국 내 투자가 급격히 늘고 있다.

반도체 강국으로의 도약

42

반도체가 '국가 경제안보 자산'으로 급부상한 가운데 공급망을 둘러싼 패권경쟁이 계속 이어질 전망이다. 코로나19를 겪으면서 반도체 공급망에 대한 중요성이 더욱 커졌기 때문이다. 미국을 중심으로 칩4 동맹(미국, 대만, 일본, 한국) 논의가 지속되고, 각 국가 정부는 반도체 생산 자급률을 높이기 위한 정책을 이어갈 것으로 보인다. 주요 국가는 반도체 자국중심주의 정책을 마련하는 데 한 걸음 다가갔다. ARM 인수 시도 사례를 통해 다른 국가의 기업이 언제든 자국 내 주요 반도체 기업을 인수하려고 시도할 수 있다는 사실을 확인할 수 있었기 때문이다. 각국 정부가 반도체 산업을 국가 안보 관점으로 접근하기 시작하고 있는 가운데, 기업 하나를 빼앗기는 것은 곧 국가 경쟁력을 내어주는 것과 같다고 인식한 것이다. 결국 세계 각국 정부의 반도체 기업 지키기 현상은 심화됐다.

미국은 미래 핵심 산업 중 중국 의존도가 높은 분야에 대한 자국 중심의 공급망 재편 방안 마련 중이다. 미 백악관 주도로 반도체 공급망을 재편하여 산업 주도권을 되찾겠다는 전략이다. 반도체는 미국의 국가안보, 일상생활 뿐 아니라 경제 모든 부문에 필수적인 산업으로 여기며 반도체 생산력의 상실은 반도체 공급망의 모든 영역 뿐 만 아니라 장기적으로는 미국의 전체 산업경쟁력을 위협한다고 보고 있다. 지난 수십 년간 지속

된 반도체 생산의 해외 이전으로 미국의 세계 반도체 생산 비중은 최근 20년 동안 37%에서 12%까지 급감하였으며, 현재 대만산 반도체에 대한 의존도가 매우 높은 상태이다. 이에 장기적인 관점에서 탄력적이고 경쟁력 있는 반도체 공급망 구축이 절실함을 느끼고 있다. 그에 대한 대응으로 기술 이점을 보호하는 방어적 조치를 시행하고 국내 생산 및 R&D에 대한 적극적인 투자 뿐 아니라 글로벌 공급망 탄력성 증진을 위한 동맹국의 참여 확대 등을 고려 중이다.

미국은 첨단기술 분야에서 자국 중심 공급망 재편 정책을 추진하고 있다. 특히 바이든 행정부는 첨단산업 경제력 강화 및 글로벌 리더십 선점을 위한 반도체 과학법(CHIPS and Science Act, CHIPS)를 2022년 8월 공표했다. 반도체, 에너지, 바이오 등 기술연구 및 기반 확충 등에 총 2,800억 달러 예산을 투입하는데 그중 반도체 생산기반 확충 및 연구개발에 5년간 총 527억 달러를 편성한다.

중국은 반도체 산업 자립화를 위한 지속적으로 투자하고 있다. 2021년 3월 발표한 『14차 5개년 계획 및 2035 중장기 목표』에서 반도체 산업 육성 방안을 발표했는데, R&D투자를 매년 7% 이상 증액하고, 7대 전략분야로 반도체, AI등을 선정했다. 특히 중국은 설계툴, 제조장비, 소재 등 미국의 대중제재

분야를 중심으로 자체 역량 개발 및 강호에 적극 나설 것으로 전망된다.

BAT(Baidu, Alibaba, Tencent)로 불리는 중국 3대 기술기업을 비롯한 다수의 ICT 기업은 수입 의존도가 높은 인공지능 반도체를 독자 개발하는 등 자급률 향상 노력을 전개하고 있다. Tencent는 2021년 11월에 인공지능용 칩 '즈샤오', 영상 변환용 칩 '창하이', 네트워크 인터페이스 통제용 칩 '쉬안링' 등 자체 설계한 3종류 칩을 발표한 바 있다. 바이두는 2018년 처음으로 독자 개발한 인공지능 반도체 쿤룬을 양산했으며, 알리바바는 2021년에 5nm의 자체 개발 칩을 공개했다.

중국 정부는 2022년 12월 미국의 포위망을 구축하는데 맞서 반도체산업을 육성하기 위해 5년간 현지 반도체 기업에 1조 위안(약 183조3,400억 원) 이상을 투입할 계획이라고 나우 뉴스와 둥망등이 보도했다. 반도체산업 육성책은 2023년 1분기부터 시행한다.

대만은 2022년 12월 현지 기업의 R&D(연구개발) · 설비투자 세액공제율을 기존 15%에서 25%로 높이는 개정안을 발의했다.

일본은 반도체 재부흥을 위해 외자유치를 적극 추진 중이다. 일본의 반도체 소재, 제조장치 산업의 강점과 결합하는 방식으로 외국 첨단 파운드리 유치 전략을 세웠다. 일본 정부는 외국 파운드리 기업과의 협력으로 자국 내 반도체 생산설비를 교체하고 신설, 증설하는 방향으로 반도체 산업 활성화를 추구하는데 그 일환으로 2021년 9월 TSMC가 소니 그룹과 공동으로 일본 구마모토 현에 공장 건설 계획을 발표했다. 소니 반도체솔루션즈와 TSMC가 합작회사를 설립하여 2024년 말까지 반도체를 양산할 예정이다.

일본도 2022년 11월 토요타, 소니, 키옥시아, NTT, 소프트뱅크, NEC, 덴소, 미쓰비시UFJ은행 등 8개사가 연합한 반도체 기업 라피더스에 700억 엔(약 6천569억 원) 보조금을 지원하며 자국 반도체 기술을 키우기 위해 나섰다. 라피더스는 IBM과 협력해 오는 2027년 2나노 공정 기반 칩 생산을 목표로 하며, 2023년부터 본격적으로 기술 개발에 돌입할 것으로 보인다.

독일은 반도체 산업육성 및 경쟁력 강화를 위해 32개 프로젝트에 총 100억 유로 규모의 투자계획을 발표했다. 반도체 분야에 있어 유럽은 미국, 중국, 대만, 일본, 한국 등과 경쟁하고 있으며 EU의 글로벌 반도체 생산 비중을 현재 10%에서 2030년까지 20% 수준으로 확대 계획이다. 여러 기업들이 독일 내에 센터 설립을 추진 중인데 초석을 놓은 기업은 애플이다.

애플은 독일 뮌헨에 '유럽 실리콘 디자인 센터'를 설립하고 3년간 10억 유로 (1조 3,582억 원) 이상을 투자할 것으로 발표했다. TSMC 역시 주요 자동차 회사들이 있는 독일에 반도체 공장을 세우는 방안을 검토 중으로 독일 정부 보조금, 고객수요, 인재풀 등을 고려한 협상이 진행 중이다. 인텔 또한 독일 뮌헨 인근에 반도체 생산시설을 설립하여 2024년 완공을 목표로 건설 예정이다.

세계 각국이 반도체 산업 지원에 나선 가운데 한국의 상황은 어떨까? 산업통상자원부는 2021년 5월 삼성전자 평택캠퍼스에서 종합 반도체 강국 실현을 위한 『K-반도체 전략』을 발표했다. 2030년까지 510조 원 이상 민간 투자하여 초격차를 유지하고, 세계 최대·최첨단 반도체 공급망을 완성하며 세제, 금융, 인프라 등 전방위적인 지원 패키지를 제공함을 골자로 한다. 또한 10년간 반도체 인력 총 3.6만 명 육성할 계획이다.

문승욱 당시 산업부 장관은 "최근 반도체 공급난이 심화되고, 반도체를 둘러싼 국제 정세가 급변하는 엄중한 시기에 대응하기 위해 민·관이 힘을 합쳐 이번 『K-반도체 전략』을 만들었다" 면서, "510조 원 이상의 대규모 민간투자에 화답하여 정부도 투자세액공제 5배 이상 상향, 1조 원 규모의 반도체 등 설비투자 특별자금 등 전방위 지원을 아끼지 않겠다"고 했다.

문 장관은 『K-반도체 전략』을 차질 없이 추진한다면 수출은 2020년 992억 달러에서 2030년 2,000억 달러로 증가하고, 고용인원은 총 27만 명으로 늘어날 것으로 기대한다고 밝혔다.

또한 인공지능 프로세서 R&D를 위한 부처 공동 R&D를 강화하고 민관의 AI 비전을 공유 및 협력으로 지평을 넓혀가고 있다.

과학기술정보통신부는 2022년 1월 초거대 인공지능 서비스 개발 활성화, 인공지능 학습용 데이터허브 구축, 인공지능 반도체 경쟁력 강화 등을 위한 제 2회 『인공지능 최고위 전략대화(AI Strategy Summit)』를 개최했다. 인공지능 반도체의 경쟁력 강화를 위해 PIM* 반도체 개발에 2028년까지 총 4,027억 원을 추가 투입할 예정이다. 과기부는 메모리 반도체 기술력을 바탕으로 차세대 인공지능 반도체의 패러다임을 혁신할 수 있다고 믿고 있다. 또한 개발된 인공지능 반도체를 광주 AI 직접단지 데이터 센터에서 검증할 수 있도록 추진하여 민간 데이터 센터까지 확산되도록 지원 예정이다. 또한 인공지능 반도체 설계툴 공동 활용과 전문 인력 양성을 강화한다.

---

* PIM(Processing in Memory) 반도체 : 데이터를 저장하는 메모리반도체가 일부 연산까지 담당하는 신개념 반도체. 과기부는 앞으로 9년 간 PIM 반도체 기술 개발에 예산 1조 원을 투입할 예정

이 외에도 미국의 칩스법과 같은 K-칩스법이라 불리는 반도체특별법이 2022년 12월 국회를 통과했으나 세제 지원이 미비하다는 비판을 받고 있다. 반도체 관련 시설 등 국가첨단전략산업 설비 투자 세액 공제율이 8%에 불과하기 때문이다. 이에 국회는 2023년 3월 30일 본회의를 열어 조세특례제한법 개정안을 처리했다. 반도체 업계에 따르면 K-칩스법은 국내에 반도체 등 국가전략산업 관련 설비투자를 할 경우 세액 공제 비율을 대기업과 중견기업의 경우 현행 8%에서 15%로, 중소기업은 16%에서 25%로 확대된다. 2023년에는 투자 증가분의 10%를 추가로 공제하는 '임시투자세액공제' 제도도 포함돼 대기업도 최대 25%의 세액공제율을 적용받을 수 있다.

반도체 십만양병설

43

반도체학과가 정치·교육·과학·산업의 무대 한가운데 섰다. 반도체학과를 증원하겠다는 정부의 발표 때문이다. 반도체 전문가 부족 상황은 전 세계에서 공통적으로 일어나는 현상이다. 파운드리 최강자 TSMC를 보유한 대만도 2만 7,700명의 인력(2021년 8월 기준)이 부족한 것으로 추산했다. 중국도 최근 5년간 반도체 업계 종사자가 2배로 늘었지만 아직도 25만 명의 인력이 부족한 상황이다.

미국의 컴퓨터 전자제품산업 근로자는 109만1,800여 명(2021년 11월 기준)으로 2017년 초 103만여 명보다 약 6만 명 증가했고, 증가 인력 중 상당수는 반도체 종사자로 추정된다. 인력 규모 자체로 보면 우리나라에 비해 큰 편이지만 바이든 대통령이 역점을 둔 '반도체 자립'이 현실화하면 30만 명이 더 필요하다는 전망이다. 또한 미국에 반도체 제조시설을 충분히 지어놓고도 인력이 부족해 가동하지 못하는 상황이 올 수 있음을 경고했다. 미국 반도체 업체들은 해외 인력 유치를 허용해야 한다는 의견을 제시하면서 대 정부 입법 로비를 나설 것으로 전망하고 있다.

대한민국 정부 역시 2023년~2027년 11만7,000명의 반도체 인력양성을 추진하고 있다. 지난 2022년 8월 연합뉴스에 따르면, 교육부는 반도체 등 신산업 분야 인재양성에 내년도 예산

101조8,442억 원 중 3,200억 원을 배정해 권역별 반도체 공동 연구소, 대학 반도체 관련 실험실습 기자재 구축 등 집중지원을 밝힌 바 있다. 또한 교육부는 2022년 6월 반도체 관련 학과 정원을 수도권 4,100명, 비수도권 3,900명 정도 증원할 방침을 세우고 있음을 밝혔다. 총 8,000명 수준이다. 아직 정확한 규모나 증원 시점은 결정되지 않았다.

정부가 반도체학과를 증원하려는 이유는 뭘까. 우선 반도체가 한국 경제의 큰 축을 이루기 때문이다. 윤석열 대통령은 2022년 6월 국무회의 석상에서 "반도체는 국가 안보 자산이자 우리 경제의 근간"이라며 반도체학과 증원의 중요성을 설명했다. 반도체 기술을 선점하면 수출 규제 등을 통해 기술 패권을 유지할 수 있다.

국내에서는 매년 700명 정도 반도체 학위를 가진 인력이 배출되는데 반해, 대만의 경우에는 1만 명이 배출되며, 중국의 경우도 20만 명의 인력이 배출된다. 우리나라는 다른 아시아권 나라 대비 반도체 학위 인력이 매우 부족한 상황이다.

현재 4년제 국내 반도체 학과는 40개 대학에 분포돼 있다. 현재 수도권에는 14개 대학(35%), 비수도권에는 26개교(65%)가 있다. 국내 반도체 주요 기업인 삼성전자, SK하이닉스 등은 몇몇 대학 및 대학원과 계약학과 형태의 인력양성을 별도로 추진하고 있다.

대기업과 협약을 맺은 반도체 계약학과는 2023년 입학기준 총 7개 학과이다. 계약학과는 대학과 기업이 협약을 맺고, 4년 전액 장학금과 취업이 보장된다. 2006년 성균관대가 삼성전자와 협약을 맺고 처음 신설한 후 2019년에는 고려대와 SK하이닉스가, 2021년에는 연세대와 삼성전자도 협약을 맺었다.

반도체학과에서 배우는 많은 과목들은 물리학과 수학을 기초 지식으로 삼으며, 주로 전자기장, 파동과 물질의 성질 등에 대해 배운다. 전자공학의 기초를 쌓은 뒤 반도체에 필요한 다양한 부분에 대해 공부하게 된다.

또한 반도체 전문 인력 양성을 위한 일환으로 과학기술정보통신부는 2022년 6월 서울대, 성균관대, 숭실대 등 3개 대학을 인공지능반도체 융합인력양성 사업을 수행할 대학으로 선정했다. 이를 위해 각 대학은 전기전자공학, 컴퓨터 공학, 물리학등 AI 반도체 관련 학제간 연계된 학부 연합전공을 신설한다. 또한 서강대, KAIST, 인하대 등 기존 3개였던 대학의 ICT 연구센터 (ITRC)에 시스템SW분야 1개를 신설하고 PIM설계연구센터로 PIM 반도체 설계분야 학사와 석박사 교육과정을 개발한다. 서울대, 성균관대, 포항공대, 연세대, 중앙대 등 기존 5개였던 시스템반도체 융합전문인력 양성센터도 지속적으로 지원할 계획이다.

한국반도체산업협회가 밝힌 2021년 반도체 산업 인력수요 전망에 따르면, 국내 반도체 산업인력은 2031년까지 향후 10년간 연평균 5.6% 성장한다고 봤다. 현재 17.7만 명 수준에서 12.7만 명 증가하여 30.4만 명에 이를 것으로 전망된다.

앞으로 한국도 반도체에 대한 인력 수요가 매우 높기 때문에 한국에서도 매년 꾸준하게 반도체학과가 더 생겨날 가능성이 높아 보인다.

미세화 전쟁 점입가경

나노 경쟁이 점점 치열해지고 있다. 스마트폰에 들어간 반도체가 어떤 업체의 몇 나노 미터 공정에서 생산됐는지 살피는 소비자가 생길 정도다.

현재 5나노 이하 최첨단 파운드리 시장은 진입 장벽이 높아 TSMC와 삼성전자 두 회사가 시장을 양분하고 있다. 삼성전자는 2022년 6월 3나노 기반 파운드리 양산을 선언하며 세계 최초 3나노 시대의 개막을 알렸다. 이어 2022년 12월 TSMC는 대만 남부 타이난시에 있는 18팹에서 3나노 제품 양산을 기념하는 공장 증설식을 가졌다. 미국 애리조나에도 3나노 공정 생산시설을 구축하고 있으며 대만 북서부 신주현과 중부대만과학단지에 차세대 2나노 팹을 준비하고 있다고 밝혔다.

3나노 공정은 현재 반도체 생산 공정에서 가장 앞선 기술로 평가받는다. 반도체는 회로 선폭이 좁을수록 칩의 크기를 더 미세하게 만들 수 있는데, 일반적으로 더 작은 칩이 성능이나 전력 효율 면에서 우월하다. TSMC는 공장 증설식에서 3나노 공정으로 만든 칩은 기존 자사 5나노 공정 대비 전력 효율이 30~35% 개선됐다고 공개했다. 삼성전자도 자사 기준 전력이 45% 절감된다고 밝힌 바 있다. 반도체의 진화는 스마트폰 같은 IT 기기의 성능 향상으로 이어진다. 반도체 나노 경쟁이 소비자에게 이익이 되고 있는 것이다.

2022년 3나노 시대의 개막에 이어 삼성전자는 삼성 파운드리 포럼 2022에서 2025년에는 2나노, 2027년에는 1.4나노 공정을 도입할 계획이라고 밝혔다. 2027년에는 최첨단 1.4나노 공정을 적용한 반도체를 양산하겠다고 선언한 것이다. 공정 혁신으로 2나노 등 신규 반도체 양산 계획을 밝힌 적은 있지만 1.4나노까지의 로드맵을 공개한 건 이번이 처음이다. TSMC는 2022년 상반기에 3나노 공정 개발팀의 목표를 1.4나노로 전환하고 공정 개발을 시작한 것으로 전해졌다. 1.4나노 공정은 최신 스마트폰에 들어가는 AP 등의 생산에 적용될 전망이다.

반도체 '나노 경쟁'은 반도체 회로의 선폭을 줄이는 것이 핵심이다. 선폭이 좁을수록 반도체 크기가 작아지고, 특히 소비 전력이 줄고 속도는 빨라진다. 이런 반도체를 안정적으로 양산할 수 있는 파운드리가 고객사인 팹리스 업체들의 선택을 받을 가능성이 높다. 4~5나노 공정에서는 TSMC가 삼성전자보다 높은 수율에서 안정적으로 생산한다는 평가를 받았다.

두 업체 간 기술경쟁이 본격화될 전망인 가운데 누가 고객사를 더 많이 확보할 것인지가 관건이다. 파운드리 산업은 맞춤형 주문생산 방식이기 때문이다. 삼성전자가 TSMC보다 먼저 3나노 제품을 만들기 시작했지만 고객 선점 효과는 TSMC가 우세하다. TSMC는 오랜 업력을 바탕으로 주요 기업들과 오랜 협력 관계를 구축하여 고객 수는 535개사(2022년 기준)에 달한다. 100개사인 삼성전자의 고객 수 대비 압도적으로 많다.

반도체업계 불황기를 맞아 고성능·저전력 칩 수요는 앞으로 급격하게 늘어날 수밖에 없어 기술경쟁은 한층 더 치열해질 전망이다.

삼성전자로서는 주력 사업인 메모리가 세계 경기와 밀접해 파운드리 같은 수주형 매출 비중을 늘리는 방향으로 위기 돌파를 모색 중이다. TSMC도 경기 침체로 인해 기존 고객의 주문량이 감소하는 상황에서 첨단 반도체 제조 분야에서 활로를 찾고 있다.

이런 가운데 옴디아는 3나노 이하 글로벌 파운드리 매출이 2022년 39억 달러(한화 약 5조 원)에서 2025년 254억 달러(약 33조 원)로 6배 이상 증가할 것으로 보고 있다.

1.4나노미터가 끝이 아니다. 반도체업체들은 100억분의 1을 뜻하는 '옹스트롬'을 연구하고 있다. 2021년 7월 인텔은 기술설명회에서 2나노 수준의 20A 기반의 칩을 2024년 생산하겠다고 밝혔다. 이때 인텔은 업계에서 미세공정 수준을 나타내는 나노미터 단위를 쓰지 않고 0.1나노미터를 옹스트롬(A) 단위로 쓰겠다고 선언했다. 즉, 옹스트롬은 인텔이 자체적으로 부르는 미세공정 수준을 나타내는 용어인 것이다.

● 삼성전자 · TSMC · 인텔 시스템반도체 양산 로드맵

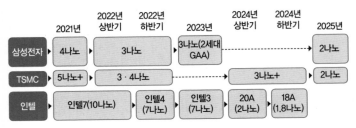

*인텔3는 핀펫 최적화 및 EUB 활용도 높인 공정. 인텔4 대비 와트당 18% 성능 향상 전망

인텔은 2나노격인 20A를 2024년에 구현하고, 2025년 1.8 나노인 18A 공정까지 개발한다는 계획이다.

반도체 제조 공정은 이제 나노를 지나 물리적 한계에 근접하는 시대로의 진입을 앞두고 있다. 기술의 진보는 어디까지일까. 몇 년 뒤엔 '5옹스트롬 공정 양산' 같은 기사를 볼지도 모른다.

참고 자료

● 도서

『산업의 쌀 반도체』

● 리포트

정보통신기획평가원, ICT Brief 인공지능반도체특집호

삼성증권, 테슬라 2022 AI Day Takeaways: 풍요로운 세상을 꿈꾸는 AI Giant

삼성증권, 반도체투자제안서

KB증권, 퀄컴 (QCOM US)

CATCH, SK하이닉스기업분석리포트

한국과학기술기획평가원, 반도체 후공정 (패키징)

한국수출입은행, 2023년 반도체산업 수출 전망

KOTRA, 2023년 수출전망 및 지역별 시장여건

● 보도자료

대한민국 정책브리핑, 종합 반도체 강국 실현을 위한 『K-반도체 전략』 수립

● 칼럼

IT동아, [IT인물열전] 고독한 천재, 트랜지스터의 아버지 '윌리엄 쇼클리'

IT동아, [모두를 위한 인공지능] 6. 인공지능이 만든 딥페이크의 명과 암

조선일보, [만물상] 3나노의 세계

조선일보, 미디어텍, 퀄컴 꺾고 '스마트폰 두뇌' 장악 …삼성폰 개발자도 놀란 그들의 힘

기초과학연구원, 미시 세계로의 초대, 나노 사이언스

삼성반도체 뉴스룸, 반도체 백과사전

인벤, [기획] 전 세계는 지금 코딩 열풍 중! 코딩, 넌 도대체 뭐니?

네이트뉴스, 강해령의 하이엔드 테크

뉴스1, [김화진 칼럼] 정주영과 거북선

조선일보, [최원석의 디코드]

KOTRA, [반도체] 반도체 글로벌 공급망의 중심으로 도약하는 대한민국

한경오피니언, [천자 칼럼] 반도체 나노 경쟁

한경오피니언, [사설] 한국 칩4 동맹 참여⋯국가 생존 위한 필연적 선택

이코노미뉴스, 반도체 10만 인력 양성을 위한 제언

● 논문

ETRI 전자통신동향분석, 차량용 반도체 공급망 생태계

경희대 화학과, 산업의 쌀, 에틸렌과 폴리에틸렌

● 홈페이지

삼성전자, 삼성 뉴스룸, 삼성반도체 뉴스룸

SK하이닉스 뉴스룸

SK텔레콤 뉴스룸

인텔

현대오토에버

소부장넷

● 외신

TechPowerUp, YoY Growth of NAND Flash Demand Bits Will Stay Under 30%
   from 2022 to 2025 as Demand Slows for PC Client SSDs, Says TrendForce

Reuters, "TSMC ramps up auto chip production as car makers wrestle with shortages."

toms'HARDWARE, Desktop GPU Sales Hit 20-Year Low

● 유튜브

삼성반도체 뉴스룸 반도체 백과사전

● 뉴스

뉴시스, 尹대통령 "반도체가 산업의 쌀, 우리 생사 걸려 있어"

매일경제, 철은 왜 '산업의 쌀' 로 불릴까요?

매일경제, 인텔, 세계 7위 파운드리 '타워' 60억달러에 인수

서울경제, 불황에도 웨이퍼 10% 증산…삼성전자 '초격차' 승부수 [뒷북비즈]

전자신문, SEMI "2025년 한국 반도체 생산능력 점유율 24%…1위"

전자신문, [CDMA 10년, 그리고 미래]퀄컴-한국 이동전화 역사 '공동 집필자'

바이라인네트워크, 반알못을 부탁해

바이라인네트워크, 인사이드반도체

바이라인네트워크, 칩4 동맹이 뭔가요? 우리한테는 이득인가요?

애플경제, D램 · 낸드플래시 2020년 매출 증가 1,2위

비즈워치, 낸드플래시, 위로 쌓아 올리는 이유

동아일보, 낸드 2위-4위 美日 합병설…1위 삼성전자와 '양강구도' 될까

동아사이언스, 몸집 확 불린 '반도체학과' 도전해볼까

IT조선, 스마트폰 판매량은 줄지만 AP 매출은 폭등…점유율은 '퀄컴〉애플〉미디어텍' 순

IT조선, 인텔 · 마이크론 정리해고 칼바람… 삼성 · SK는 인력 늘린다

CCTV뉴스, 고사양 게임에 필수! 'GPU'란 무엇인가

머니투데이, 메타버스 · 자율주행 · 게임 불붙은 'GPU'…결국은 '삼성' vs 'TSMC'

머니투데이, 삼성전자, 2년 연속 인텔 앞지르고 글로벌 반도체 매출 1위

AI타임즈, 진짜 톰 크루즈로 알았는데 딥페이크였다니…

AI타임즈, AI&산업 AMD, 자일링스 인수 완료…사상 최대 규모의 반도체 인수 합병

MBC 뉴스

CIO, '아이폰 14 프로' 48MP 카메라 또 유출… 7년 만에 화소 수 4배 껑충 뛰는 이유는?

뉴시스, 낸드플래시 '수요 절벽'…"차세대 SSD도 성장세 주춤"

한경경제, "미용실 안 가도 돼요"…난리 난 '이 제품' 웃돈까지 붙었다

연합뉴스, [그래픽] 세계 D램 시장 점유율

연합뉴스, AI반도체 융합인력양성사업에 서울대 · 성균관대 · 숭실대 선정

연합뉴스, 다이슨, 헤어드라이어 이어 '고데기' 도전장

연합인포맥스, 인텔 실적 "역대급 붕괴"…애널리스트들 목표가 줄줄이 하향

연합인포맥스, 인텔, 낸드 플래시 사업부 SK하이닉스 매각 이유는

연합인포맥스, 배런스 "파이퍼 샌들러가 '엔비디아' 주가 회복을 낙관하는 까닭은…"

동아일보, 다이슨이 만들면 헤어드라이어도 뭔가 다르다?…'다이슨 슈퍼소닉' 국내
    출시

전자신문, 반도체 공급 부족에도 '차량용 MCU' 판매액 23% 급증

Techworld, 일상 속 모든 가전제품의 핵심 반도체, MCU란 무엇인가?

Techworld, [Tech Talk] 노광장비 1등 기업, ASML의 성장 비결은?

조선비즈, 삼성 非메모리 구원투수 '이미지센서'… 점유율 30% 찍고 1위 소니 맹추격

조선비즈, SK하이닉스, 키파운드리 인수 완료…파운드리 생산능력 2배 확대

조선비즈, '독불장군' 인텔이 달라졌다… 삼성전자 · TSMC에 수주 기회 확대

아이뉴스24, 애플 등에 업은 소니, 삼성 따돌리고 이미지센서 사업 가속화

아이뉴스24, '모바일 AP' 개발 시동 건 삼성…애플 뛰어 넘을까

디엘렉, '좁혀지지 않는 격차'…소니 CIS 시장점유율 51.6%로 압도적 1위, 삼성은
    15.6%

디엘렉, 메모리 '캐시카우'인 줄 알았는데…SK하이닉스 위기론의 실체

ZDNET, '실적 쇼크' 인텔, 비주류 사업 잇달아 정리

ZDNET, 인텔, 데이터센터용 고성능 CPU · GPU 2종 공개

ZDNET, 영국 정부, ARM 런던 증시 상장 재시동

ZDNET, 애플, 퀄컴에 또 졌다…특허무효소송 패소

현대경제신문, 삼성 · SK, 차량용 반도체 역량 강화나서서…메모리 혹한기 대비

이데일리, 한계 드러낸 메모리 중심 사업구조…"삼성, 파운드리 더 투자해야"

CEOSCOREDAILY, "'갤S23'엔 탑재 못했지만, '엑시노스' 포기 안 한다"…

뉴시스, 삼성전자, 메모리에 치중된 포트폴리오…어떻게 넓힐까?

뉴시스, '반도체 불황기' 맞은 삼성 · TSMC, 파운드리 3나노 경쟁

뉴시스, 반도체업계, "오늘만 기다렸다…K칩스법 통과될까"

주간동아, '버핏픽' TSMC, '동학개미픽' 삼성전자와 영업이익 3배 차 벌린 까닭은?

다음중앙일보, 이번엔 양재동서 '이천쌀집' 우르르..4대그룹 MZ 요동친다

전자신문, 하이닉스, 인텔 낸드사업 인수 1단계 완료…새회사 이름은 '솔리다임'

뉴데일리경제, SK하이닉스, 메모리 호황 속 인텔 낸드 인수 시너지 본격화

뉴스토마토, 1분기도 적자 2조 육박 SK하이닉스 메모리 쏠림 완화 '급선무'

헤럴드경제, 버핏, TSMC에 41억弗 투자…반도체시장 '청신호'

매일경제, '헤지펀드의 황제'라는 이 남자…급락한 테슬라 줍줍했네

매일경제, 인텔을 배우는 기업

매경이코노미, 메모리 '캐시카우'인 줄 알았는데…SK하이닉스 위기론의 실체

서울경제, 삼성전자, 2022년 스마트폰 점유율 22%로 1위 수성

서울경제, "반도체 수출 의존도 18%…경제 위기 땐 충격 증폭"

한겨레, D램값 곤두박질친데다, 대중 반도체 수출 46%나 빠졌다

한겨레, 세계 반도체 시장, 내년 4% 역성장 전망…삼성 · SK 어쩌나

한국무역협회, 종합무역뉴스

산업일보, 반도체 수출 둔화하면…경제성장률도 동반 하락

조선비즈, 도쿄선언 40주년, 반도체 위기의 삼성… 이재용에 쏠린 눈

조선비즈, 삼성전자, 보릿고개에 올해 반도체 투자 19% 줄인다

조선비즈, 마이크론 '어닝 쇼크'… 반도체 슈퍼 다운사이클 신호탄 올랐다

동아일보, 삼성전자 '반도체 쇼크'… 영업익 97% 감소, 적자 간신히 면해

동아일보, '반도체 슈퍼사이클' 역대 최단으로 끝나나

YTN, SK하이닉스 10년 만에 분기 적자...반도체 수요 감소

블로터, TSMC, 美애리조나주 투자 53조원으로 확대해 2공장 설립한다

머니투데이, "삼성은 안돼" 대만 콧대 누른 틈새 발표…"3나노 예정대로 간다"

머니투데이, 삼성전자, 2년 연속 인텔 앞지르고 글로벌 반도체 매출 1위

중앙일보, TSMC 보고 있나…삼성전자 "2027년 1.4나노 양산" 선언

중앙일보, '인텔 인사이드', 모바일 시대에는 '인텔 아웃사이드'

굿모닝경제, '옹스트롬' 시대 여는 인텔…남은 과제는

경향신문, 삼성 "2027년 1.4나노 반도체 양산" 첫 선언...대만 TSMC와 '나노 경쟁'

경향신문, AI · 딥러닝 '최강자' 엔비디아, 경쟁자 추격 뿌리칠 수 있을까

글로벌이코노믹, "미국, 中 반도체 수출 통제 실패로 끝날 수 있다"

TV조선뉴스, 이창양 산업부 장관 "올해 수출 '상저하고'…칩4는 중국과 물밑 소통중"

서울신문, 호황 타고 온 IT업계 성과급 분쟁… SK하이닉스 인력 유출 부르나

뉴스핌, SK하이닉스, 신입사원 '연봉 1억' 시대 열었지만...'그 시절'은 못 넘었다

더스쿠프, 메모리반도체 슈퍼사이클 정말 끝났나

MTN, [굿모닝마켓인사이트] ASML: 세계최대 반도체 EUV(노광장비) 업체삼성전자와 …

인포스탁데일리, 인텔(INTC), 놀랄 것도 없는 부진한 실적…향후 전망은?

비즈니스포스트, 인텔 2030년 파운드리 2위 목표, 삼성 TSMC의 지정학적 위기를
    기회로

이코노미21, [비즈니스] 인텔 인사이드 10년 무엇을 남겼나

테크42, 중국시장 사면초가 '퀄컴'… 앞에선 미디어텍, 뒤는 애플

앱스토리, 퀄컴 스냅드래곤 888을 갤럭시S21보다 먼저 탑재한 스마트폰

게임뷰, 그래픽카드와 암호화폐 연관성 숨겼던 엔비디아, 미국서 과태료 지급

NBNTV, [풍문레이다] 챗GPT, 살짝만 스쳐도 주가 급등...투자 주의

더구루, 애플 이어 테슬라, TSMC 美애리조나 공장 낙점